ESPIRITISMO E ECOLOGIA

André Trigueiro

ESPIRITISMO E ECOLOGIA

FEB

Copyright © 2009 by
FEDERAÇÃO ESPÍRITA BRASILEIRA – FEB

5ª edição – 4ª impressão – 1,2 mil exemplares – 1/2024

ISBN 978-65-5570-437-2

Todos os direitos reservados. Nenhuma parte desta publicação pode ser reproduzida, armazenada ou transmitida, total ou parcialmente, por quaisquer métodos ou processos, sem autorização do detentor do *copyright*.

FEDERAÇÃO ESPÍRITA BRASILEIRA – FEB
SGAN 603 – Conjunto F – Avenida L2 Norte
70830-106 – Brasília (DF) – Brasil
www.febeditora.com.br
editorial@febnet.org.br
+55 61 2101 6161

Pedidos de livros à FEB
Comercial
Tel.: (61) 2101 6161 – comercial@febnet.org.br

Adquirindo esta obra, você está colaborando com as ações de assistência e promoção social da FEB e com o Movimento Espírita na divulgação do Evangelho de Jesus à luz do Espiritismo.

Dados Internacionais de Catalogação na Publicação (CIP)
(Federação Espírita Brasileira – Biblioteca de Obras Raras)

M538e   Mendes, André Trigueiro, 1966–

         Espiritismo e ecologia/ André Trigueiro Mendes. – 5. ed. – 4. imp. – Brasília: FEB, 2024.

         200 p.; 23 cm

         Inclui glossário

         ISBN 978-65-5570-437-2

         1. Espiritismo. 2. Meio ambiente. 3. Espiritismo e problemas sociais. I. Federação Espírita Brasileira. II. Título.

CDD 133.9
CDU 133.7
CDE 60.06.00

SUMÁRIO

Agradecimentos 7

Prefácio à nova edição 8

Introdução 10

1. O Espiritismo em frases de efeito 14
2. Sinais de alerta 18
3. Espiritismo e Ecologia 22
4. No fervilhar do século XIX 24
5. Kardec e Haeckel 26
6. A ciência espírita 30
7. A ciência ecológica 34
8. Construindo pontes de afinidade 38
9. O planeta está dentro de nós 44
10. Em busca da sustentabilidade 50
11. Senso de urgência 56

12. Lei de Destruição 60
13. Poluição e psicosfera 64
14. Consumo consciente 70
15. Pegada ecológica 78
16. O consumo segundo o Espiritismo 86
17. A conta da vida 90
18. Sustentabilidade como valor espiritual 94
19. Um planeta vivo? 104
20. O maior desafio ambiental do nosso tempo 112
21. Pandemia e Espiritismo 120
22. Ecologia na obra de Chico Xavier 126
23. Mensagem inédita de Emmanuel 132
24. Antropoceno e ecocídio 136
25. O meio ambiente no mundo de regeneração .. 140
26. Enquanto isso, nos centros espíritas... 144
27. Ativismo ambiental no movimento espírita ... 156
28. Um pequeno dicionário ambiental 166
Glossário 169

AGRADECIMENTOS

SÃO tantos os que me ajudaram nesse projeto que qualquer tentativa de nominar pessoas incorreria em uma tremenda injustiça. Ainda assim, não posso deixar de agradecer a Márcia Trigueiro e a Claudia Guimarães pela amorosa revisão que emprestou novos e importantes significados ao livro. A Patrícia Mousinho, pela competência em revisar, acrescentar dados e atualizar o maravilhoso glossário cujos verbetes aparecem em destaque ao longo do texto. A Marcelo Teixeira e Renata Gazé, pelas valorosas opiniões que chegaram em boa hora. A Sylvio Damiani, pelas orientações pontuais que determinaram o rumo dos acontecimentos. A Hermínio Miranda, pela honra de compartilhar suas opiniões. A Leonardo Boff, o mais espírita de todos os católicos. A Divaldo Franco, pelo incansável trabalho em favor da paz. Aos amigos da FEB, pelo acolhimento e confiança.

Agradeço também a Luiz Antonio Millecco, que semeou em vida a ideia que resultou nesse projeto, e a outros companheiros que também desencarnaram, mas permanecem próximos pelos laços do coração: Durmeval Trigueiro, Marcelo Ribeiro e Gabriela Vieira Gomes.

Agradecimentos especiais aos confrades do Centro Espírita Joanna de Ângelis, em Copacabana. Em todos aqui nominados – e em tantos outros que me ensinam preciosas lições de sabedoria no dia a dia – reconheço a presença de Deus, sempre solícito e amoroso, me amparando e encorajando a seguir em frente.

PREFÁCIO À NOVA EDIÇÃO

Quando a primeira edição deste livro foi lançada em 2009, a importância atribuída aos assuntos ambientais nas instituições espíritas era bastante tímida, quase inexistente. Testemunhei pessoalmente o estranhamento – por vezes até a perplexidade – com que muitos reagiam quando as palavras "espiritismo" e "ecologia" apareciam na mesma frase. Apesar das inúmeras evidências compartilhadas pela comunidade científica de que experimentávamos uma crise ambiental sem precedentes na história da Humanidade, poucos escritores, palestrantes e grupos de trabalho ligados ao movimento espírita se debruçavam sobre o tema com a devida importância, realizando as conexões cada vez mais evidentes entre a Doutrina dos Espíritos e as ciências ambientais. A acolhida da FEB àquele projeto editorial foi determinante para que um novo impulso fosse dado a esse "movimento dentro do movimento", ou seja, a oxigenação dos debates espíritas à luz de uma ética ambiental.

Desde então a obra se manteve viva, em catálogo, compartilhando informações relevantes que vêm estimulando um comprometimento maior de todos nós em favor da vida em suas múltiplas resoluções. Uma nova edição revista e atualizada do livro chegou a ser lançada em 2017 até ser esgotada.

As celebrações pelos 30 anos da Rio-92, a Conferência Internacional da ONU sobre Meio Ambiente e Desenvolvimento, inspiraram a presente obra, que traz novas informações sobre a escalada da crise ambiental – extremamente desafiadora, e que exige rápida tomada de decisão individual e coletiva – bem como da esperança que acompanha os exemplos práticos da sustentabilidade econômica, social, ambiental e espiritual. Exemplos que aparecem inclusive dentro do Movimento Espírita brasileiro.

Acrescentamos novos capítulos e conteúdos, atualizamos dados e informações, embalamos um conjunto de dados inéditos que permitirão ao leitor uma necessária imersão no maior desafio civilizatório do nosso tempo: como promover o bem-estar social sem agravar a destruição ambiental? Dentro de uma perspectiva espírita, cabe a reflexão sobre o que precisamos fazer hoje para evitar que a chegada do Mundo de Regeneração seja acompanhada de um sombrio legado ambiental com a redução dos estoques de água potável, produção crescente de lixo, biodiversidade destruída e um sistema climático em completo desequilíbrio.

É perfeitamente possível reverter esse processo de destruição. Mas precisamos agir rápido, de forma consciente, entendendo a dimensão ética de cada ação sustentável que sejamos capazes de realizar. Que este livro continue inspirando novas ideias e atitudes.

André Trigueiro

INTRODUÇÃO

Este livro resume as ideias básicas que venho apresentando em palestras e seminários organizados em casas espíritas onde os assuntos ecológicos passaram a demandar mais atenção de uns tempos para cá. A oportunidade de pesquisar o que o Espiritismo e a *Ecologia* têm em comum surgiu no ano de 2004, quando Luiz Antonio Millecco, saudoso orador, escritor, médium e ex-presidente da Sociedade Pró-Livro Espírita em Braille (SPLEB), me ligou para fazer um convite. Millecco ouvira-me falar sobre assuntos ambientais na Rádio CBN e, sabendo que eu era espírita, pediu-me que realizasse uma palestra na SPLEB sobre o tema *Ecologia e Paz*. Aceitei prontamente o convite, honrado por vir de quem veio, sem me dar conta do enorme desafio que eu assumiria a partir de então.

Paz era um assunto recorrente em palestras públicas nos centros espíritas que venho frequentando desde 1987, Ecologia, não. Confirmei minha suposição consultando dirigentes de casas espíritas e checando algumas listagens de temas para palestras públicas nessas instituições. Pude constatar que, na maioria absoluta dos casos, os assuntos ecológicos eram considerados periféricos ou desimportantes; quando muito, eram citados no decorrer de uma palestra que tinha como mote principal outro assunto.

Como isso estaria acontecendo, se experimentamos a maior crise ambiental da história da Humanidade? Como poderia o Espiritismo não enfrentar esse assunto tão importante e urgente com a devida clareza e objetividade? Alguém poderá dizer que esta crise não existia no século XIX, quando Allan Kardec codificou a

Doutrina Espírita. Ainda que isso fosse verdade – abordaremos este assunto mais adiante –, não foi o próprio Codificador quem afirmou que "fé inabalável só o é a que pode encarar de frente a razão, em todas as épocas da Humanidade"?[1] Se a Ciência em algum momento contradisser alguma premissa do Espiritismo, não cabe ao espírita rever esse ponto equivocado e seguir a orientação da Ciência? Abre-se espaço, portanto, para a atualização dos conhecimentos e a devida contextualização dos conteúdos doutrinários, a fim de que o Espiritismo se apresente sempre útil para a compreensão da realidade que nos cerca.

O curioso é que, mesmo no século XIX, quando não se falava ainda em crise ambiental em escala planetária e os recursos naturais ainda pareciam infinitos – embora os efeitos colaterais da Revolução Industrial e a urbanização caótica e acelerada já se manifestassem em cidades como Londres e Paris –, a Doutrina Espírita oferecia preciosos subsídios para a compreensão destes problemas que só eclodiriam mais tarde, pelo menos 100 anos depois. Portanto, não me parece que o Espiritismo não tenha se manifestado sobre este assunto. A hipótese mais provável é a de que não estaríamos entendendo com a devida clareza certas informações transmitidas pela Espiritualidade há mais de 150 anos a respeito dessas questões que estão se agravando em níveis jamais imaginados no alvorecer do século XXI.

---

[1] KARDEC, Allan. *O evangelho segundo o espiritismo*. Trad. Guillon Ribeiro. 131. ed. 14. imp. Brasília: FEB, 2019. cap. 19 – *A fé transporta montanhas*, it. 7.

NÃO FOI O PRÓPRIO CODIFICADOR QUEM AFIRMOU QUE "FÉ INABALÁVEL SÓ O É A QUE PODE ENCARAR DE FRENTE A RAZÃO, EM TODAS AS ÉPOCAS DA HUMANIDADE"?

1

O ESPIRITISMO EM FRASES DE EFEITO

Voltemos à palestra na SPLEB. Dias antes do compromisso assumido com Millecco, ainda entretido com a ausência dos assuntos ambientais em tantas casas espíritas, lembrei-me de que uma das razões para tudo isso estar acontecendo poderia ser encontrada em algumas das frases que usamos para expressar a nossa fé. Os espíritas – assim como os seguidores de outras doutrinas ou religiões – afirmam suas crenças por meio de frases curtas que emprestam sentido às suas convicções. Essas frases alimentam a nossa fé pelas ideias que encerram. "O acaso não existe" é uma delas. Toda vez que dizemos "o acaso não existe", reafirmamos nossa confiança em Deus, na

"Inteligência Suprema, causa primária de todas as coisas",[2] na Providência Divina ou na ordem estabelecida em meio ao caos.

Pois bem, há pelo menos duas frases repetidas com frequência no Movimento Espírita que poderiam explicar esse distanciamento dos assuntos ecológicos. Ao compartilhá-las aqui, não guardo nenhuma pretensão de estar dizendo uma verdade absoluta. São apenas elementos de reflexão que podem auxiliar a compreensão do problema. Uma dessas frases é a seguinte: "A verdadeira vida é a vida espiritual". Concordamos inteiramente. Para o espírita, faz sentido acreditar que a verdadeira vida é a vida espiritual. É forçoso admitir, porém, que muitos de nós usamos esta frase para legitimar o desinteresse, a desatenção, o completo desapego dos assuntos terrenos.

---

[2] KARDEC, Allan. *O livro dos espíritos*. Trad. Guillon Ribeiro. 93. ed. 9. imp. Brasília: FEB, 2019. 1. pt., q. 1.

Esse é um assunto delicado, sobre o qual há certa confusão. É preciso reconhecer que a vida espiritual não começa no exato instante da desencarnação. Somos Espíritos encarnados, portanto, experimentamos desde já a vida espiritual – embora com restrições, dadas as limitações impostas pelo corpo físico – e precisamos nos lembrar sempre de que somos Espíritos animando corpos, e não corpos animando Espíritos.

Há que se reconhecer também que o "horário nobre" de nossa existência é aqui e agora, já que as escolhas que fizermos a cada instante definirão a qualidade de nossa vida espiritual. Uma vez encarnados, é evidente que devemos ter alguma preocupação com a matéria (nosso corpo, nosso planeta) enquanto aqui estivermos. Sem exagero, sem ilusões – pois que nada disso nos pertence e daqui só levaremos o que "as traças e a ferrugem não consomem e os ladrões não furam nem roubam",[3] como asseverou Jesus –, mas reconhecendo que faz parte de nosso aprendizado espiritual nos relacionarmos de forma saudável, inteligente e responsável com os assuntos da matéria, consagrando parte do nosso tempo à manutenção do corpo e do planeta que nos acolhem.

"Eu estou aqui de passagem" é outra frase bastante repetida. Com ela, afirma-se a impermanência, a transitoriedade de todas as coisas, o eterno devir preconizado pelos filósofos gregos, a realidade física inexorável do Universo onde nada é, tudo está. Dependendo da forma como se diz, muitos daqueles que repetem a frase "eu estou aqui de passagem" podem estar reforçando o estoque de desapreço e desinteresse pelos assuntos do aqui e do agora. Por que vou me preocupar com o *aquecimento global* se em breve não estarei mais aqui? Por que economizar água e energia se estarei desencarnado em alguns anos? Se deixamos um legado material e espiritual no planeta – onde poderemos eventualmente reencarnar –, é evidente que, mesmo de

---

[3] *Mateus*, 6:20.

passagem, devemos nos preocupar com os nossos rastros. Pela Lei de Causa e Efeito, o eventual desperdício ou uso irresponsável dos recursos naturais terá implicações em nosso processo evolutivo. Portanto, não é porque a vida é transitória que não precisamos prestar atenção naquilo que fazemos — e também naquilo que deixamos de fazer, apenas porque retornaremos em breve à Pátria Espiritual.

Cabe a nós identificar quais ações podemos fazer, e de que jeito, para tornar este mundo um lugar melhor e mais justo. Portanto, mesmo de passagem, há que se cuidar melhor do mundo onde estagiamos em nossa jornada evolutiva.

> CABE A NÓS IDENTIFICAR QUAIS AÇÕES PODEMOS FAZER, E DE QUE JEITO, PARA TORNAR ESTE MUNDO UM LUGAR MELHOR E MAIS JUSTO. PORTANTO, MESMO DE PASSAGEM, HÁ QUE SE CUIDAR MELHOR DO MUNDO ONDE ESTAGIAMOS EM NOSSA JORNADA EVOLUTIVA.

2
SINAIS DE ALERTA

Neste momento em que experimentamos uma crise ambiental sem precedentes na história da Humanidade, é importante reconhecer a nossa responsabilidade, como espécie "mais evoluída", na destruição dos recursos naturais não renováveis fundamentais à vida. *Mudanças climáticas*, escassez de recursos hídricos, produção monumental de *lixo*, destruição sistemática e veloz da *biodiversidade*, crescimento caótico e desordenado das cidades em que vive a maior parte da população mundial, *transgenia* irresponsável, são problemas causados por nós, pelo nosso estilo de vida, hábitos, comportamentos e padrões de consumo. É o nosso livre-arbítrio em ação, determinando escolhas que têm pressionado a *resiliência* do planeta e o conforto ambiental da espécie que se considera no "topo da cadeia evolutiva".

O modelo de desenvolvimento vigente foi descrito no relatório do Brasil para a *Conferência Internacional da ONU sobre Meio Ambiente e Desenvolvimento (Rio-92)* como sendo "ecologicamente predatório, socialmente perverso e politicamente injusto".[4] Alguns pesquisadores preferem usar a expressão "ecocídio" para designar o extermínio das condições que suportam a vida no planeta. Cabe ressaltar aqui que somos nós os predadores do ambiente que nos acolhe. Está em curso nos dias atuais a sexta extinção em massa de espécies. Todas as cinco anteriores foram causadas por cataclismos naturais, como por exemplo, queda de

---

[4] Comissão Interministerial para a Preparação da Conferência das Nações Unidas sobre Meio Ambiente e Desenvolvimento. *O desafio do desenvolvimento sustentável: relatório do Brasil para a Conferência das Nações Unidas sobre Meio Ambiente e Desenvolvimento.* CIMA: Brasília, 1991.

meteoritos. Desta vez, a responsabilidade é da Humanidade. Em uma taxa normal de extinção – obedecendo aos ciclos da Natureza – deveriam ocorrer aproximadamente 9 extinções no intervalo de apenas um século.

De acordo com a União Internacional pela *Conservação* da Natureza (IUCN)[5], mais de 40 mil espécies estão ameaçadas de extinção, o que corresponde a 28% de todas as espécies já catalogadas. Entre as espécies animais, estão ameaçados:

41% anfíbios;

26% mamíferos;

13% pássaros;

37% tubarões e arraias;

33% recifes de corais;

21% répteis;

28% crustáceos.

Os especialistas advertem que essas espécies são fundamentais para a longevidade e a resiliência dos ecossistemas bem como de alguns serviços ambientais estratégicos para a Humanidade como fertilidade do solo, polinização ou produção de água.

Não se trata de uma fatalidade, castigo divino ou outra razão mística qualquer. Estamos hoje sofrendo os efeitos das escolhas que fazemos no dia a dia. Se somos a causa dos problemas, também é verdade que as soluções precisam partir de nós. Devemos buscar as alternativas, novos conceitos de gestão, uma nova economia, uma nova ética civilizatória baseada na *sustentabilidade*.

---

[5] Disponível em: https://www.iucnredlist.org. Acesso em: 30 jan. 2022.

ESTAMOS HOJE SOFRENDO OS EFEITOS DAS ESCOLHAS QUE FAZEMOS NO DIA A DIA. SE SOMOS A CAUSA DOS PROBLEMAS, TAMBÉM É VERDADE QUE AS SOLUÇÕES PRECISAM PARTIR DE NÓS.

3
ESPIRITISMO E ECOLOGIA

O principal objetivo deste livro é demonstrar – com todas as limitações de que somos portadores para uma análise mais minuciosa e profunda deste tema – que Espiritismo e Ecologia são ciências afins, sinérgicas, e que sugerem abordagens sistêmicas da realidade, as quais ainda não foram devidamente compreendidas ou aceitas. É justamente essa visão sistêmica da realidade que nos oferece amplas condições de navegabilidade num mar revolto em que o analfabetismo ambiental vem causando grandes estragos. É muito feliz o pensamento – de autor desconhecido – que inverte uma antiga máxima do movimento ambientalista: "Mais importante do que cuidar do planeta para os nossos filhos e netos, é cuidar melhor dos nossos filhos e netos para o planeta".

Não há dúvida de que a Terra atravessa um turbulento período de transformação, após o que, segundo os espíritas, deverá surgir um novo mundo, classificado como "de regeneração", onde só aqueles que souberem respeitar e seguir certos princípios éticos terão a condição de permanecer. Estejamos prontos para o que vier, reconhecendo a bênção da encarnação nestes tempos difíceis, especialmente quando nos encontramos aptos para o trabalho intenso e urgente em favor da vida.

4

NO FERVILHAR DO SÉCULO XIX

"Para se designarem coisas novas são precisos termos novos."[6] A frase, escrita por Allan Kardec na Introdução de *O livro dos espíritos* para justificar o uso de uma nova palavra criada por ele, Espiritismo, bem que poderia ter sido usada por outros pensadores, filósofos e cientistas que tornaram o século XIX um dos mais inspirados e férteis da história do pensamento humano. Além do Espiritismo, surgiram na mesma época outros neologismos, como a Ecologia, de Ernst Haeckel; o Evolucionismo, de Charles Darwin; o Positivismo, de Augusto Comte; o Transcendentalismo, de Ralph Waldo Emerson; o Comunismo, de Friedrich Engels

---

[6] KARDEC, Allan. *O livro dos espíritos*. Tradução de Guillon Ribeiro. 93. ed. 9. imp. Brasília: FEB, 2019. *Introdução ao estudo da Doutrina Espírita*, it. 1.

e Karl Marx; a Psicanálise, de Sigmund Freud; e outros movimentos ainda referenciais – cada qual a seu modo – nos dias de hoje.

    Vamos nos deter aqui na observação do Espiritismo e da Ecologia, basicamente nos seus aspectos comuns, reconhecendo desde já a fabulosa contribuição dessas ciências para a percepção da realidade num mundo que experimenta nos dias de hoje uma combinação de crises (socioambiental, econômica e moral) que também guardam relação entre si.

5

KARDEC E HAECKEL

Não se tem notícia se um sabia da existência do outro, mas o fato é que o professor francês Hippolyte Léon Denizard Rivail (que chamaremos aqui de Allan Kardec, pseudônimo utilizado por ele para assinar as obras básicas da Codificação) e o naturalista alemão Ernst Heinrich Haeckel tinham muita coisa em comum.

Ambos possuíam múltiplas habilidades profissionais e obtiveram sucesso e reconhecimento em vida. Nasceram e trabalharam em países fronteiriços (França e Alemanha) e divulgaram suas novas descobertas na mesma época, num intervalo de apenas nove anos (Kardec lançou *O livro dos espíritos* em 1857, enquanto Haeckel cunhou a expressão Ecologia em 1866). Ambos simpatizavam com a Teoria da Evolução de Darwin e, cada um a seu modo, perceberam rapidamente que incomodavam a Igreja Católica, em particular o Santo Ofício.[7]

A preocupação em utilizar o método científico como base de sustentação para suas teses e princípios unia Kardec e Haeckel. Pode-se dizer, portanto, que tanto um como outro pensou e agiu como homens da ciência.

O apreço de Kardec pela ciência ficou evidenciado em *A gênese*. O Codificador do Espiritismo não deixou dúvidas sobre o

---

[7] A Congregação para a Doutrina da Fé, originalmente chamada Sagrada Congregação da Romana e Universal Inquisição, foi fundada por Paulo III em 1542 com a Constituição "Licet ab initio", para defender a Igreja das heresias. É a mais antiga das nove Congregações da Cúria. Em 1908, o Papa São Pio X mudou seu nome para Sagrada Congregação do Santo Ofício. Finalmente, em 1965, recebeu o nome atual sob o Pontificado de Paulo VI. Disponível em: https://www.veritatis.com.br/congregacao-para-a-doutrina-da-fe-e-secretaria-geral/. Acesso em: 22 jan. 2022.

posicionamento da Doutrina em caso de divergência com novos conhecimentos revelados a partir da metodologia científica:

> Caminhando de par com o progresso, o Espiritismo jamais será ultrapassado, porque, se novas descobertas lhe demonstrassem estar em erro acerca de um ponto qualquer, ele se modificaria nesse ponto. Se uma verdade nova se revelar, ele a aceitará.[8]

---

[8] KARDEC, Allan. *A Gênese*. Trad. Guillon Ribeiro. 53. ed. 9. imp. Brasília: FEB, 2020. cap. 1 – *Caracteres da revelação espírita*, it. 55.

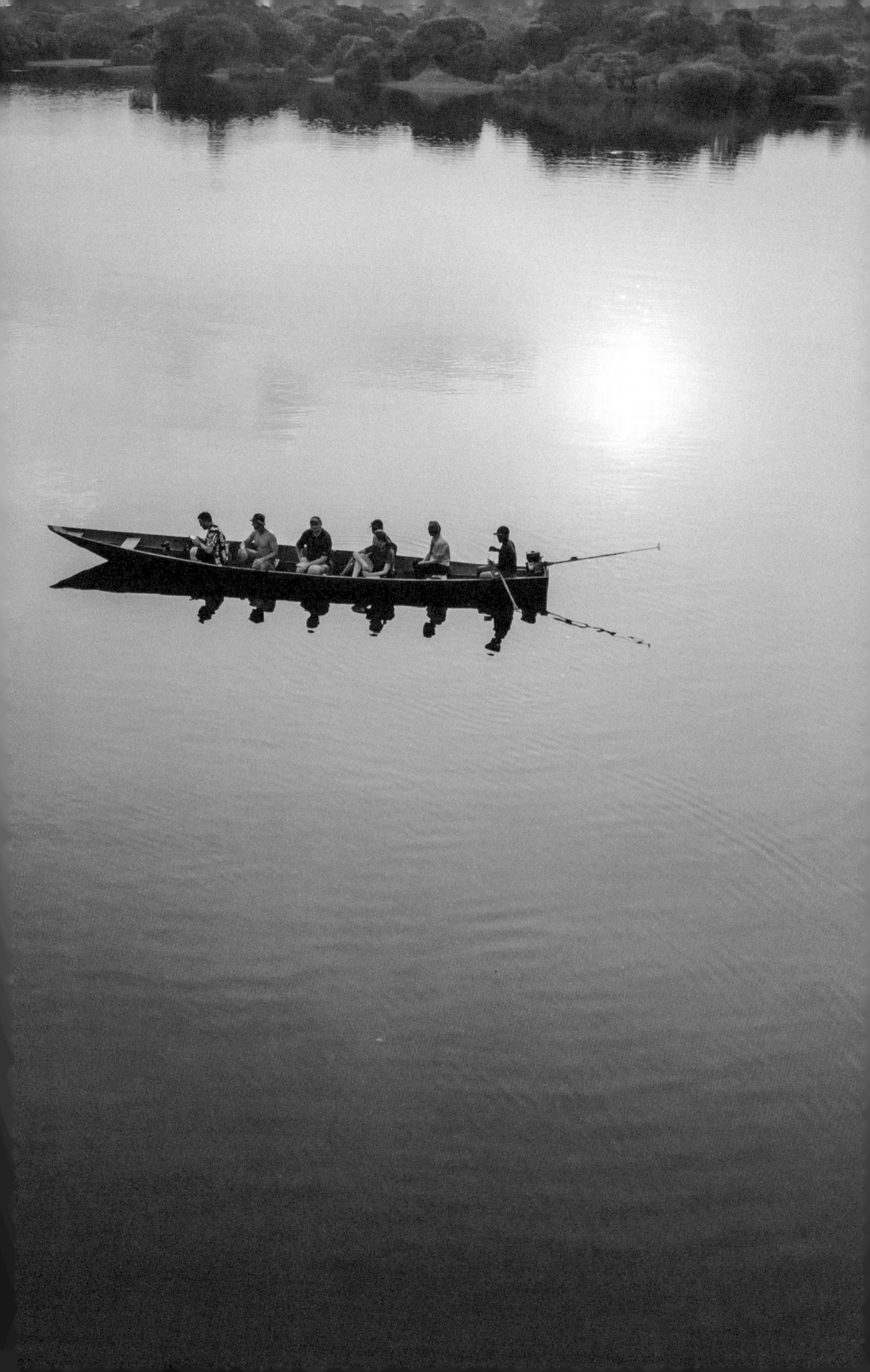

6

A CIÊNCIA ESPÍRITA

Ao contrário do que muita gente pensa, o Espiritismo não se considera uma nova religião. Pelo menos não no sentido convencional daquilo que normalmente se entende por uma religião. Allan Kardec, em discurso proferido em 1 de novembro de 1868 na Sociedade Espírita de Paris, explicou o assunto da seguinte maneira:

> Se é assim, perguntarão, então o Espiritismo é uma religião? Ora, sim, sem dúvida, senhores! No sentido filosófico, o Espiritismo é uma religião, e nós nos vangloriamos por isto, porque é a doutrina que funda os vínculos da fraternidade e da comunhão de pensamentos, não sobre uma simples convenção, mas sobre bases mais sólidas: as próprias leis da Natureza.

Por que, então, temos declarado que o Espiritismo não é uma religião? Em razão de não haver senão uma palavra para exprimir duas ideias diferentes, e que, na opinião geral, a palavra religião é inseparável da de culto; porque desperta exclusivamente uma ideia de forma, que o Espiritismo não tem. Se o Espiritismo se dissesse uma religião, o público não veria aí mais que uma nova edição, uma variante, se quiser, dos princípios absolutos em matéria de fé; uma casta sacerdotal com seu cortejo de hierarquias, de cerimônias e de privilégios; não o separaria das ideias de misticismo e dos abusos contra os quais tantas vezes a opinião se levantou.[9]

---

[9] KARDEC, Allan. *Revista Espírita:* jornal de estudos psicológicos. ano 11, n. 12, dez. 1868. Sessão anual comemorativa dos mortos (Sociedade de paris, 1º de novembro de 1868). Trad. Evandro Noleto Bezerra. 3. ed. 1. imp. Brasília: FEB, 2019.

É mais correto dizer, portanto, que o Espiritismo é religião no sentido filosófico, na medida em que reconhece a existência de Deus, explica o sentido da vida, a origem e o destino das almas.

Nos livros do Estudo Sistematizado da Doutrina Espírita (ESDE), normalmente utilizados em centros para o esclarecimento de novos adeptos, informa-se que o Espiritismo é uma ciência que trata da natureza, origem e destino dos Espíritos, bem como de suas relações com o mundo corporal. É importante compreender a forma como o Espiritismo se entende como ciência.

> Como meio de elaboração, o Espiritismo procede exatamente da mesma forma que as ciências positivas, aplicando o método experimental. Fatos novos se apresentam que não podem ser explicados pelas leis conhecidas; o Espiritismo os observa, compara, analisa e, remontando dos efeitos às causas, chega à lei que os rege; depois, deduz-lhes as consequências e busca as aplicações úteis.
>
> [...] É, pois, rigorosamente exato dizer-se que o Espiritismo é uma *ciência de observação*, e não produto da imaginação.[10]

Sobre este assunto, o doutor em Ciências pela Universidade de São Paulo (USP), professor titular de Físico-Química no Instituto de Química da Universidade de Campinas (Unicamp), Aécio Pereira Chagas, explica que o Espiritismo é uma ciência que trata de uma ordem diferente de fenômenos daqueles de que tratam as ciências da matéria. Em seu texto "A Ciência confirma o Espiritismo?" Aécio afirma que:

> As ciências vulgares repousam sobre as propriedades da matéria, que se pode, à vontade, manipular; os

---

[10] In: *Ciência e Espírito*. Disponível em: http://www.guia.heu.nom.br/ciencia_e_espirito.htm. Acesso em: 8 jul. 2009.

fenômenos que ela produz têm por agentes forças materiais. Os do Espiritismo têm como agentes inteligências que têm independência, livre-arbítrio, e não estão sujeitas aos nossos caprichos; por isso eles escapam aos nossos processos de laboratório e aos nossos cálculos, e desde então ficam fora dos domínios da Ciência propriamente dita.[11]

O ESPIRITISMO É RELIGIÃO NO SENTIDO FILOSÓFICO, NA MEDIDA EM QUE RECONHECE A EXISTÊNCIA DE DEUS, EXPLICA O SENTIDO DA VIDA, A ORIGEM E O DESTINO DAS ALMAS.

---

[11] CHAGAS, Aécio Pereira. Ciência confirma o Espiritismo?. *Reformador*, Rio de Janeiro, ano 113, n. 1995, p. 208-211, jul. 1995.

7
A CIÊNCIA ECOLÓGICA

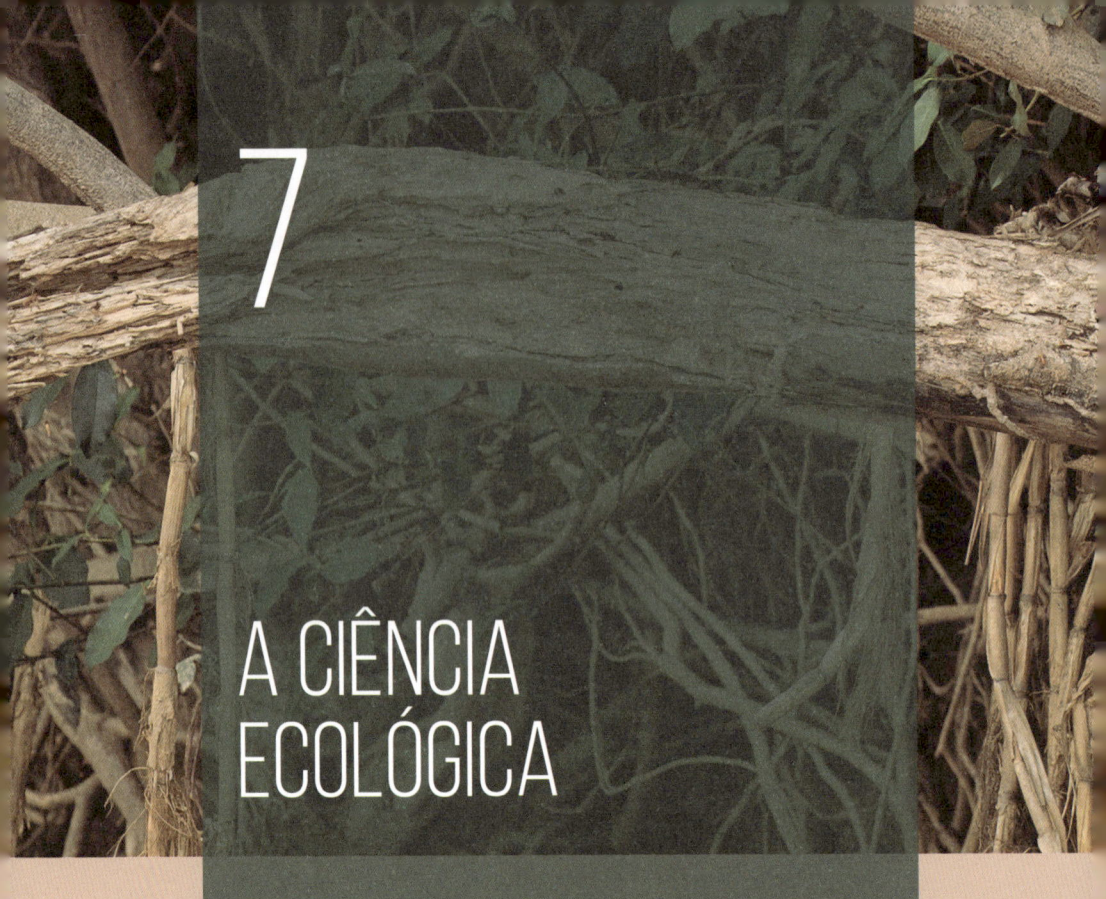

Ecologia (*oecologie*) nasce da combinação das palavras gregas *oikos* (casa) e *logos* (estudo). Significa, literalmente, *estudo da casa*. Ernst Haeckel[12] cunhou esta expressão para designar uma nova ciência que procura investigar as relações entre todos os seres vivos existentes, e destes com o meio que os cercam. Haeckel percebeu a necessidade de ir além dos limites impostos pela Biologia para investigar com mais atenção o

---

[12] O naturalista alemão Ernst Heinrich Philipp August Haeckel (1834-1919) empregou o termo Ecologia pela primeira vez em seu livro *A morfologia geral dos organismos*. O original (Haeckel, Ernst. *Generelle Morphologie der Organismen*. Berlin: G. Reimer, 1866) está disponível em: https://books.google.com.br/books?id=-5k5AA AAcAAJ&printsec=frontcover#v=onepage&q&f=false Acesso em: 30 ago. 2009.

funcionamento dos *ecossistemas* – expressão que só viria a aparecer no século seguinte – e a relação de interdependência entre todos os seres da Natureza. A partir de seus trabalhos como zoólogo, lançou as bases de uma nova ciência que ao longo do tempo passou a ser desmembrada em outras frentes de pesquisa.

A Ecologia amadureceu como ciência, e um marco importante foi a proposição, pelo biólogo austríaco Ludwig von Bertalanffy, em 1937, de uma mudança radical: contrapondo o reducionismo cartesiano, ele desenvolveu a Teoria Geral dos Sistemas,[13] propondo que o ambiente passasse a ser observado como uma totalidade integrada e enfatizando a inter-relação e interdependência entre os seus componentes, sendo impossível estudar seus elementos isoladamente. O autor definiu sistema como um conjunto de elementos interdependentes que interagem, com objetivos comuns,

---

[13] BERTALANFFY, Ludwig Von. *Teoria geral dos sistemas*. Petrópolis: Vozes, 1975.

formando um todo maior que a soma das partes, e no qual cada um dos elementos componentes se comporta, por sua vez, como um sistema, cujo resultado é maior do que o resultado que as unidades poderiam ter se funcionassem independentemente. Para Bertalanffy, a necessidade de um enfoque sistêmico da realidade surgiu em função das mudanças verificadas na sociedade:

> Uma é o *desenvolvimento tecnológico*, que permite um domínio da Natureza nunca antes realizado e deveria abrir caminho para aliviar a fome, a doença, a superpopulação etc. a que a Humanidade esteve anteriormente exposta. O outro fator é a *natureza global* de nossa civilização. As anteriores eram limitadas por fronteiras geográficas e compreendiam somente grupos limitados de seres humanos.[14]

Como se vê, a Ecologia é inter-relacional por definição e, nesse sentido, frontalmente contrária à fragmentação do conhecimento que alcançava seu apogeu no século XIX.

ECOLOGIA (*OECOLOGIE*) NASCE DA COMBINAÇÃO DAS PALAVRAS GREGAS *OIKOS* (CASA) E *LOGOS* (ESTUDO). SIGNIFICA, LITERALMENTE, ESTUDO DA CASA.

---

[14] BERTALANFFY, Ludwig Von. *Teoria geral dos sistemas*. Petrópolis: Vozes, 1975. p. 271.

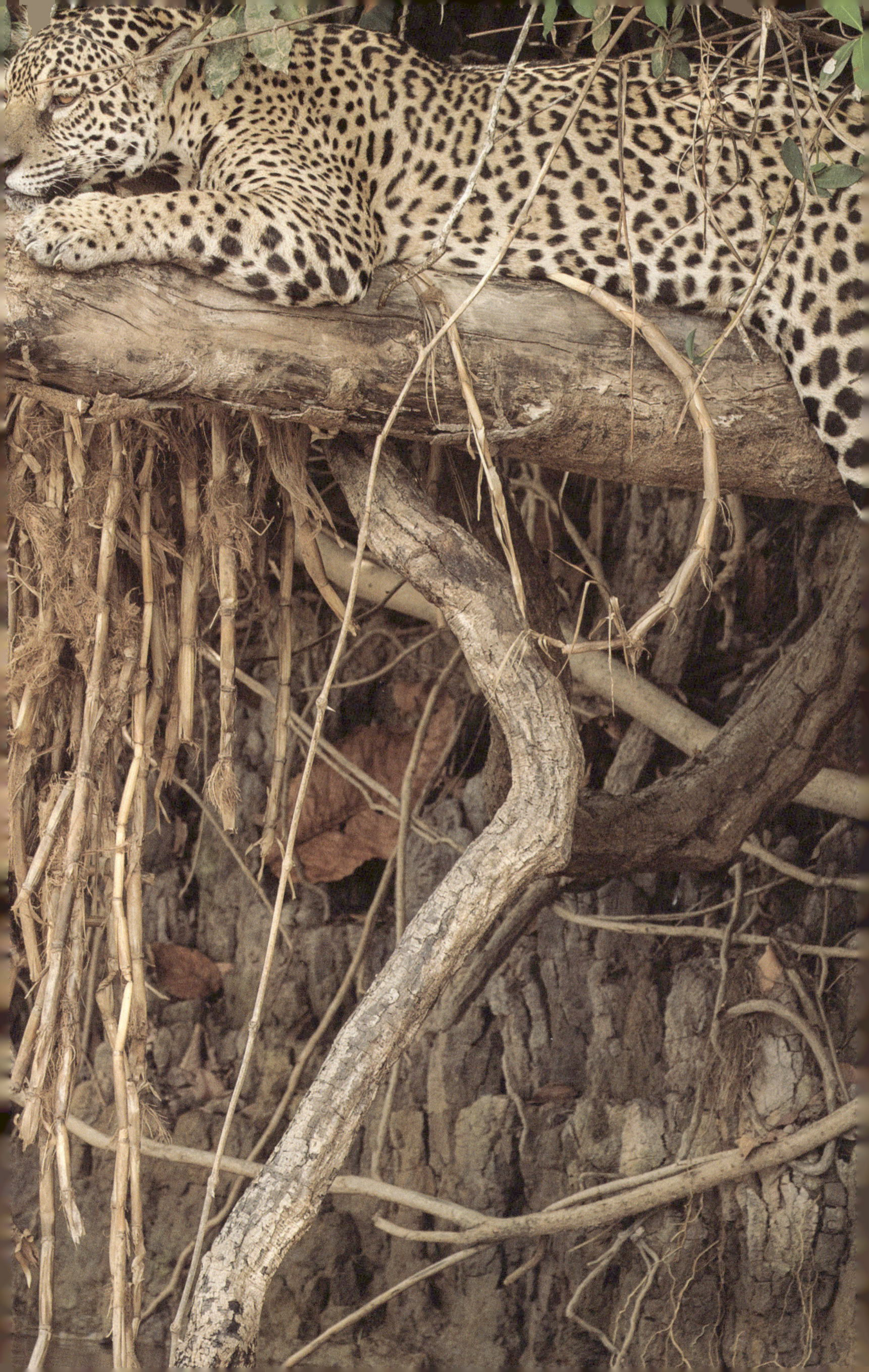

8
CONSTRUINDO PONTES DE AFINIDADE

Não é difícil perceber o primeiro traço comum entre Ecologia e Espiritismo: são ciências sistêmicas que procuram investigar, cada qual com sua ferramenta de observação, as relações que sustentam e emprestam sentido à vida. Essa visão sistêmica da realidade se revela de forma tão explícita nas duas ciências, que o que aparece em certas obras espíritas poderia perfeitamente embasar alguns postulados ecológicos.

Em *A gênese*, uma das obras básicas da Doutrina Espírita, a relação de interdependência preconizada pelos ecologistas aparece descrita da seguinte maneira por Allan Kardec: "Assim, tudo no Universo se liga, tudo se encadeia; tudo se acha submetido à grande e harmoniosa lei de unidade."[15]

Em outro trecho, afirma:

> De sorte que as nebulosas reagem sobre as nebulosas, os sistemas reagem sobre os sistemas, como os planetas reagem sobre os planetas, como os elementos de cada planeta reagem uns sobre os outros, e assim sucessivamente, até ao átomo.[16]

A percepção de uma realidade sistêmica em um Universo no qual a figura de Deus está presente é traço comum em todas as doutrinas ou tradições religiosas, e nisso também se inclui o Espiritismo. O físico austríaco Fritjof Capra afirma que:

---
[15] KARDEC, Allan. *A gênese*. 53. ed. 9. imp. Trad. Guillon Ribeiro. Brasília: FEB, 2020. cap. 14 – *Os fluidos*, it. 12.
[16] _____. _____. cap. 18 – *Os tempos são chegados*, it. 8.

> A percepção da ecologia profunda é percepção espiritual ou religiosa. Quando a concepção de espírito humano é entendida como o modo de consciência no qual o indivíduo tem a percepção de pertinência, de conexidade, com o cosmos como um todo, torna-se claro que a percepção ecológica é espiritual na sua essência mais profunda.[17]

Leonardo Boff, teólogo e escritor, chama de "universo autoconsciente e espiritual" o ambiente onde todos estamos intrinsecamente em relação.

> Por espírito se entende a capacidade das energias primordiais e da própria matéria interagirem entre si, de se autocriarem (autopoiese), de se auto-organizarem, de se constituírem em sistemas abertos, de se comunicarem e formarem teias cada vez mais complexas de inter-retro-relações que sustentam o Universo inteiro. O espírito é fundamentalmente relação, interação e auto-organização em diferentes níveis de realização.[18]

Ao comentar a questão 540 de *O livro dos espíritos*, Kardec afirma que "é assim que tudo serve, que tudo se encadeia na Natureza, desde o átomo primitivo até o arcanjo, que também começou por ser átomo".[19] Na visão espírita, esse encadeamento de todos os seres se resolve de uma maneira que lembra, por vezes, o Evolucionismo de Darwin.

O darwinismo inspirou uma das perguntas feitas ao Espírito Emmanuel no livro *O consolador*. A resposta se deu pela psicografia do médium Francisco Cândido Xavier:

---

[17] CAPRA, Fritjof. *A teia da vida*. São Paulo: Cultrix, 1996. p. 26.
[18] BOFF, Leonardo. Espiritualidade. In: *Meio ambiente no século 21*. TRIGUEIRO, André (Coord.) 5. ed. São Paulo: Autores Associados, 2008. p. 42.
[19] KARDEC, Allan. *O livro dos espíritos*. Tradução de Guillon Ribeiro. 93. ed. 9. imp. Brasília: FEB, 2019. q. 540.

> A ideia de evolução, que tem influído na esfera de todas as ciências do mundo, desde as teorias darwinianas, representa agora uma nova etapa de aproximação entre os conhecimentos científicos do homem e as verdades do Espiritismo?
>
> Todas as teorias evolucionistas no orbe terrestre caminham para a aproximação com as verdades do Espiritismo, no abraço final com a Verdade suprema.[20]

A resposta sugere que, se não há plena identificação entre as diferentes correntes, há sinergia. Ou que a ciência da Terra avança na direção daquilo que a Espiritualidade afirma como verdade. Nas obras espíritas explica-se como a jornada evolutiva se desdobra pelos três reinos da Natureza. O pesquisador Jorge Andréa dos Santos, médico e professor do Instituto de Cultura Espírita do Brasil, traz informações importantes sobre este assunto:

> O mineral possui tanto a vida quanto o vegetal e o animal.[21] O princípio unificador, a essência que preside as formas e o metabolismo da flora e fauna, existe também no reino mineral, presidindo as forças de atração e repulsão em que átomos e moléculas se unificam e equilibram. Do simples fenômeno químico até as manifestações humanas de nossos dias, existe o princípio espiritual regendo e orientando; claro que sob formas variáveis, elastecendo-se e ampliando-se à medida que a escala evolutiva avança.[22]

---

[20] XAVIER, Francisco C. *O consolador*. Pelo Espírito Emmanuel. 29. ed. 11. imp. Brasília: FEB, 2020. q. 41.
[21] Nesse sentido, cabe lembrar a frase "Tudo está cheio de deuses", atribuída a Tales de Mileto (625–558 a.C.), considerado o primeiro filósofo grego, para quem o Universo é dotado de animação, de matéria viva (hilozoísmo).
[22] SANTOS, Jorge Andréa dos. *Energias espirituais nos campos da biologia*. Rio de Janeiro: Cia. Editora Fon-Fon e Seleta, 1971. p. 28.

A ideia de que os reinos da Natureza se apresentam como degraus da escada evolutiva também é elucidada pelo Espírito Áureo, por intermédio da psicografia de Hernani T. Sant'Anna:

> Tais princípios sofrem passivamente, através das eternidades e sob a vigilância dos Espíritos prepostos, as transformações que hão de desenvolver, passando sucessivamente pelos reinos mineral, vegetal e animal e pelas formas e espécies intermediárias que se sucedem entre cada dois desses reinos. Chegam, dessa maneira, numa progressão contínua, ao período preparatório do estado de espírito formado, isto é, ao estado intermédio da encarnação animal e do estado espiritual consciente. Depois, vencido esse estado preparatório, chegam ao estado de criaturas possuidoras do livre-arbítrio, com inteligência capaz de raciocínio, independentes e responsáveis pelos seus atos.[23]

A afirmação espírita de que todos nós passamos pelos diferentes reinos da Natureza em uma progressão contínua determina o aparecimento de uma nova ética em relação a todas as criaturas existentes. Os demais seres vivos poderiam ser considerados nossos "irmãos em evolução", que hoje estagiam em níveis inferiores já experimentados por nós. Francisco de Assis conversava com borboletas e pássaros há 800 anos, e deixou eternizado o Cântico das Criaturas. Seria ele um precursor desse novo olhar interligado que reconhece as relações de "parentesco" entre todos os seres vivos? Pesquisas genéticas recentes confirmam esses surpreendentes graus de parentesco pelo exame do DNA. Temos 30 mil genes e, mesmo no topo da cadeia evolutiva, nossa diferença para os ratos é de apenas 300 genes. Em relação aos vermes, são apenas 10 mil genes a mais.

---

[23] SANT'ANNA, Hernani T. *Universo e vida*. Pelo Espírito Áureo. Brasília: FEB, 1987. cap. II.

O fato é que espíritas e ecologistas têm motivos de sobra para defender a mesma causa: a proteção da biodiversidade. Se para o ecologista a expressão *equilíbrio ecológico* revela a capacidade de um *ecossistema* se manter perene por si mesmo, sem que o homem interfira nesse *software* inteligente da vida comprometendo sua resiliência, para os espíritas há que se reconhecer algo mais: a importância da "escada" cujos degraus precisam suportar a evolução de outros que, como nós, têm o mesmo direito de existir e seguir em frente. Enquanto o abate de animais para a alimentação humana ainda for visto como uma necessidade, que se considere a forma mais ética de realizar esse procedimento, sem crueldade, eliminando ao máximo os riscos de dor e sofrimento.

> A AFIRMAÇÃO ESPÍRITA DE QUE TODOS NÓS PASSAMOS PELOS DIFERENTES REINOS DA NATUREZA EM UMA PROGRESSÃO CONTÍNUA DETERMINA O APARECIMENTO DE UMA NOVA ÉTICA EM RELAÇÃO A TODAS AS CRIATURAS EXISTENTES.

9
O PLANETA ESTÁ DENTRO DE NÓS

Somos feitos rigorosamente dos mesmos elementos que constituem o planeta. A palavra *homem*, de onde vem *Humanidade*, tem origem no latim *húmus*. A palavra *Adão*, que aparece simbolicamente no Velho Testamento como a primeira criatura humana, significa *terra fértil* em hebraico. Essa mesma terra – que empresta o nome ao planeta e à nossa espécie – se revela no mais rudimentar dos exames de sangue, quando descobrimos que por nossas veias transportamos minérios que jazem nas profundezas do solo. Ferro, zinco, cálcio, selênio, fósforo, manganês, potássio, magnésio e outros elementos são absolutamente fundamentais à nossa saúde e bem-estar. Se descuidamos da ingestão desses nutrientes – presentes em boa parte dos alimentos – nosso metabolismo fica exposto a diferentes gêneros de desequilíbrio e doenças.

O mesmo ocorre em relação à água. As primeiras estruturas microscópicas de vida do planeta apareceram nas águas salgadas e quentes dos mares primitivos. Também quente é o líquido que nos envolve durante todo o período de gestação no útero materno. O soro fisiológico – bem como o soro caseiro – salva vidas quando recompõe a tempo nossa necessidade deste precioso líquido. Por um "capricho divino", a proporção de água no planeta (70%) é a mesma com que esse elemento compõe o nosso corpo físico. Precisamos ingerir pelo menos 2,5 litros de água por dia para assegurar o bom funcionamento do metabolismo, irrigando células, glândulas, órgãos, tecidos. Também precisamos de uma quantidade mínima de água no ar que respiramos. Segundo a Organização Mundial de Saúde (OMS), se a umidade relativa do ar oscilar entre

20% e 30%, deve-se considerar estado de atenção; entre 12% e 20%, é estado de alerta; abaixo de 12%, é estado de emergência. É absolutamente desagradável – e ameaça a saúde – respirar num ambiente com pouco vapor d'água misturado ao ar.

O elemento fogo se revela simbolicamente em diferentes fenômenos fundamentais à manutenção da vida. Vem do Sol a energia que sustenta todas as estruturas vitais do planeta, cujo núcleo é composto de uma grande massa de magma incandescente. O que se convencionou chamar de *efeito estufa* é a capacidade de a atmosfera reter parte do calor irradiado pelo Sol. Trata-se de um fenômeno natural, que assegura a manutenção da temperatura média do globo na faixa de 15ºC. Não fosse possível reter esse calor através dos gases que compõem a atmosfera, a temperatura média do planeta seria de 23ºC negativos, reduzindo-se drasticamente a presença da vida na Terra.

O aquecimento global é o agravamento do efeito estufa, causado principalmente pela queima progressiva de petróleo, carvão e gás, que gera inúmeros problemas à Humanidade por meio de mudanças climáticas. Por fim, somos animais de sangue quente graças ao trabalho ininterrupto de um poderoso músculo do tamanho de uma mão fechada, que irriga vida para todas as partes do corpo humano. O coração é a grande usina de calor do organismo, símbolo maior do amor e da nossa capacidade de doar, de nos entregar e de manifestar os mais nobres sentimentos.

O ar é o elemento mais urgente para a nossa existência. Podemos passar vários dias sem ingerir alimentação sólida, um número menor de dias sem líquidos, mas apenas alguns poucos instantes sem ar. Na milenar tradição mística da Índia, o *prāna* – ou força vital – é absorvido pela respiração. Numerosas práticas de meditação preconizam a necessidade de respirarmos com consciência, entendendo a inspiração e a expiração como importante ferramenta de troca de energia com o meio que nos cerca.

A respiração profunda regula o batimento cardíaco, harmoniza os centros de força (ou chacras) que acumulam e distribuem a energia vital, ajuda a clarear o raciocínio e a apaziguar as emoções.

Considerando a importância estratégica de todos esses elementos para nossas vidas, é forçoso reconhecer que sem água potável, terra fértil, ar respirável e incidência adequada de luz e calor nosso projeto evolutivo encontra-se ameaçado.

As condições cada vez menos acolhedoras de nossa casa (*oikos*) tornam o ambiente hostil à vida humana por nossa própria imperícia, imprudência ou negligência. Sofremos as consequências dos estragos que determinamos ao meio que nos cerca porque, na verdade, o que está fora também está dentro. Não é mais possível separar a Humanidade do planeta. "O meio ambiente começa no meio da gente".[24]

No capítulo 10 de *A gênese*, Allan Kardec ratifica este princípio comum ao dizer que "os elementos constitutivos dos seres orgânicos e inorgânicos são os mesmos; que os vemos incessantemente, em dadas circunstâncias, a formar pedras, plantas e frutos".[25] O que vale para o corpo físico também vale para a substância que envolve o Espírito, como aparece explicado no primeiro capítulo de *O livro dos espíritos*. É o que na Doutrina se convencionou chamar de *perispírito*.

De onde tira o Espírito o seu invólucro semimaterial?

Do fluido universal de cada globo, razão por que não é idêntico em todos os mundos. Passando de um mundo a outro, o Espírito muda de envoltório, como mudais de roupa.

---

[24] Esta frase, que se tornou uma das máximas populares do movimento ambientalista e virou slogan da *Folha do Meio Ambiente*, é do poeta e jornalista brasiliense Tetê Catalão (1949-2020).
[25] KARDEC, Allan. *A gênese*. Tradução de Guillon Ribeiro. 53. ed. 9. imp. Brasília: FEB, 2020. cap. 10 – *Gênese orgânica*, it. 15.

> *Assim, quando os Espíritos que habitam mundos superiores vêm ao nosso meio, tomam um perispírito mais grosseiro?*
>
> *É necessário que se revistam da vossa matéria, já o dissemos.*[26]

Esse fluido cósmico universal — matéria-prima de tudo o que existe — assume diferentes formas e texturas na exuberante rede de sistemas que se desdobram pelo Universo. Somos todos, essencialmente, feitos da mesma coisa. A compreensão dessa realidade poderá determinar o aparecimento de uma nova ética existencial, na qual nos reconheçamos como parte do Todo, e não a razão pela qual o Universo existe.

---

[26] KARDEC, Allan. *O livro dos espíritos*. Tradução de Guillon Ribeiro. 93. ed. 9. imp. Brasília: FEB, 2019. q. 94.

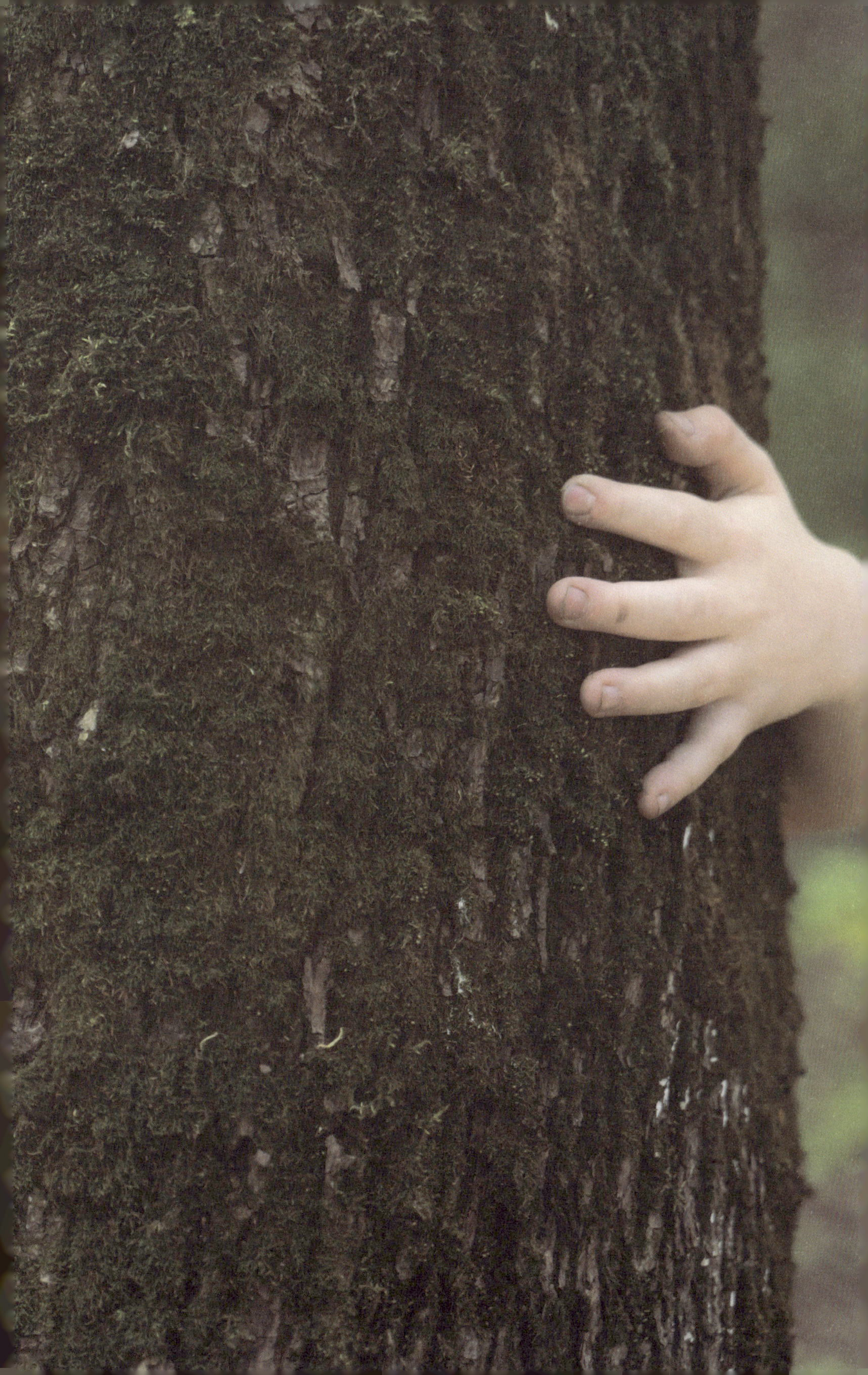

10

EM BUSCA DA SUSTENTABILIDADE

Os ecologistas costumam usar a palavra *sustentável* como adjetivo que define um sistema em equilíbrio. É sustentável todo sistema que respeita seus limites, sua *capacidade de suporte* ou, ainda, sua biocapacidade.

No *Dicionário brasileiro de ciências ambientais*, o verbete *sustentabilidade* aparece assim descrito:

> Qualidade de um sistema que é sustentável; que tem a capacidade de se manter em seu estado atual durante um tempo indefinido, principalmente devido à baixa variação em seus níveis de matéria e energia; desta forma não esgotando os recursos de que necessita.[27]

---

[27] Diversos autores. *Dicionário brasileiro de ciências ambientais*.

Por essa lógica, o que não é sustentável corre o risco iminente de desaparecer. No livro *Colapso: como as sociedades escolhem o fracasso ou o sucesso*,[28] o professor de Geografia da Universidade da Califórnia, Jared Diamond – vencedor do Prêmio Pulitzer de Literatura nos Estados Unidos – apresenta inúmeras evidências de como algumas das grandes civilizações do passado simplesmente desapareceram do mapa por não terem sido sustentáveis. A decadência dessas culturas teria ocorrido simultaneamente com o monumental desperdício de recursos naturais, o aumento expressivo da população, a dizimação das florestas e outras ações humanas que colapsaram a capacidade de suporte dos ecossistemas. Maias, vikings e os moradores da Ilha de Páscoa

---

Rio de Janeiro: Thex Editora, 2002. p. 219.

[28] DIAMOND, Jared. *Colapso:* como as sociedades escolhem o fracasso ou o sucesso. Rio de Janeiro: Record, 2005.

aparecem como personagens dessa tragédia causada pelas próprias vítimas.

No caminho inverso ao do risco do colapso, a ONU vem organizando desde o início da década de 1970 sucessivos encontros internacionais para discutir os limites do crescimento, ou modelos alternativos de desenvolvimento que não ameacem a sobrevivência da espécie humana no planeta. Em 1972, Estocolmo sediou a 1ª *Conferência das Nações Unidas sobre o Ambiente Humano*, que produziu a primeira declaração conjunta dos países em favor do uso sustentável dos recursos naturais. Lá aparece o cuidado em referendar os direitos de quem ainda sequer havia nascido, as chamadas "gerações futuras", tão mencionadas pelo movimento ambientalista emergente:

> Os recursos naturais da Terra, incluídos o ar, a água, o solo, a flora e a fauna e, especialmente, parcelas representativas dos ecossistemas naturais, devem ser preservados em benefício das gerações atuais e futuras, mediante um cuidadoso planejamento ou administração adequada.[29]

A *Conferência de Estocolmo* também criou o Programa das Nações Unidas para o Meio Ambiente (Pnuma) e instituiu o dia 5 de junho como o Dia Internacional do Meio Ambiente. Quinze anos depois, uma comissão da ONU foi designada para definir a pauta de uma nova conferência, que aconteceria no Brasil. O resultado desse trabalho aparece no relatório *Nosso futuro comum*, que consagrou a expressão *desenvolvimento sustentável*.[30] Este foi o ponto de partida da *Rio-92, Conferência Internacional da ONU sobre Meio Ambiente e Desenvolvimento*, a maior cúpula da história

---

[29] Declaração de Estocolmo sobre Meio Ambiente Humano, Princípio nº 2. Disponível em: http://www.dhnet.org.br/direitos/sip/onu/doc/estoc72.htm. Acesso em: 6 fev. 2022.

[30] *Nosso futuro comum* — o Relatório Brundtland. Rio de Janeiro: Editora Fundação Getúlio Vargas, 1990.

até então, que reuniu no Rio de Janeiro 104 reis, rainhas e chefes de Estado, acompanhados de um séquito de 10 mil delegados de 180 países.

Pelo texto aprovado, entendeu-se que:

> A Humanidade tem a capacidade de atingir o desenvolvimento sustentável, ou seja, de atender às necessidades do presente sem comprometer a capacidade das futuras gerações de atender às próprias necessidades.[31]

No entendimento da ONU, para ser chamado de sustentável esse novo modelo de desenvolvimento deveria ser economicamente viável, socialmente justo e ecologicamente responsável. O pensador britânico John Elkington criou mais tarde a expressão *triple bottom line*[32] (ou *tripé da sustentabilidade*) para destacar as premissas desse novo modelo. Na Rio-92 foi assinada a *Convenção do Clima* (que mais tarde daria origem ao *Protocolo de Quioto*), a *Convenção da Biodiversidade*, a *Agenda 21* e a *Carta da Terra*, talvez o mais completo diagnóstico dos problemas e desafios que enfrentamos nos dias atuais.

O conceito de desenvolvimento sustentável, porém, também foi alvo de questionamentos. Em um artigo intitulado "Desenvolvimento (In)Sustentável?", Leonardo Boff denunciou a contradição embutida nas palavras que compõem a nova expressão:

> A categoria "desenvolvimento" provém da área da economia dominante. Ela obedece à lógica férrea da maximalização dos benefícios com a minimalização dos custos e do tempo empregado. Em função deste

---

[31] *Nosso futuro comum* — o Relatório Brundtland. Rio de Janeiro: Editora Fundação Getúlio Vargas, 1990.

[32] ELKINGTON, J. *Towards the Sustainable Corporation*: Win-win-win business strategies for sustainable development. California Management Review, v. 36, n. 2, p. 90-100, 1994. Disponível em: http://en.wikipedia.org/wiki/Triple_ Bottom_ Line# cite_note-0 — Acesso em: 14 jul. 2009.

propósito se agilizaram todas as forças produtivas para extrair da terra literalmente tudo o que é consumível. [...] A categoria "sustentabilidade" provém do âmbito da biologia e da ecologia, cuja lógica é contrária àquela deste tipo de "desenvolvimento". [...] Como se depreende, unir esse conceito de sustentabilidade ao de desenvolvimento configura uma contradição nos próprios termos.[33]

Alguns pensadores dão preferência ao uso de outras expressões, como *sociedade sustentável*[34] ou *retirada sustentável*, em lugar de desenvolvimento sustentável. Quando a Organização das Nações Unidas para a Educação, a Ciência e a Cultura (Unesco) instituiu a "Década da Educação para o Desenvolvimento Sustentável" (2005-2014), educadores ambientais se manifestaram contra o risco de se esvaziar nas escolas e universidades – em toda a sociedade – a perspectiva de se analisar criticamente o próprio conceito de desenvolvimento sustentável.

Mesmo partindo de diferentes premissas, o fato é que a preocupação com o meio ambiente vem ganhando prestígio e escala dentro dos governos, nas empresas, nas ONGs, nas igrejas, nas mídias e nas instituições de ensino. Mas a maior sensibilidade para com os problemas ambientais ocorre numa velocidade muito superior às ações concretas que deveriam estar acontecendo em favor da sustentabilidade.

---

[33] BOFF, Leonardo. Desenvolvimento (In)sustentável?. *Jornal do Brasil*, Rio de Janeiro, 20 set. 2002. Disponível em: http://www.leonardoboff.com/ — Acesso em: 23 jul. 2009.

[34] O Tratado de Educação Ambiental para Sociedades Sustentáveis e Responsabilidade Global — publicado no Fórum Global paralelo à Rio 92 — defende esta visão, apontando a necessidade de compromisso pessoal e coletivo para a construção de sociedades sustentáveis e equitativas. http://portal.mec.gov.br/secad/ arquivos/pdf/educacaoambiental/tratado.pdf — Acesso em: 6 fev. 2022.

Estamos falando de mudanças estruturais, que envolvem valores, hábitos, comportamentos, padrões de consumo, enfim, transformações culturais que não se resolvem por decretos, leis ou medidas provisórias.

Esse movimento é prejudicado pela disposição que demonstramos em ainda enxergar a realidade de forma linear, fragmentada, reducionista, cartesiana, profundamente influenciada pelo modelo mecanicista newtoniano.[35] Quando se percebe o Universo como uma rede de fenômenos interligados e interdependentes que interagem o tempo inteiro, é evidente que isso significa uma pequena revolução em nosso entendimento das coisas, nossa ética, nossa maneira de explicar o mundo e a nós mesmos. Essa ruptura, que para muitos pode significar um avanço, para outros pode representar uma ameaça.

A PREOCUPAÇÃO COM O MEIO AMBIENTE VEM GANHANDO PRESTÍGIO E ESCALA DENTRO DOS GOVERNOS, NAS EMPRESAS, NAS ONGS, NAS IGREJAS, NAS MÍDIAS E NAS INSTITUIÇÕES DE ENSINO.

---

[35] O paradigma de ciência estabelecido por Isaac Newton (1642–1727), considerado o criador da Física moderna, vigorou praticamente até as primeiras décadas do século XX, quando o desenvolvimento da teoria da relatividade e da teoria quântica fez com que a Física penetrasse em domínios que os conceitos newtonianos não poderiam atingir.

11

SENSO DE URGÊNCIA

"A evolução não dá saltos" é outra frase recorrente entre espíritas e ecologistas para explicar o peculiar *timing*, invariavelmente vagaroso, no qual se desdobra o processo evolutivo. O fato, porém, é que espíritas e ecologistas têm motivos de sobra para recomendar a aceleração do passo na direção da mudança.

Os ecologistas denunciam o risco do colapso na capacidade de suporte do planeta em atender às atuais demandas de matéria-prima e energia da Humanidade. Inúmeros relatórios científicos produzidos por organismos multilaterais da ONU (Pnuma e Pnud), organizações não governamentais como a Worldwatch Institute ou o *World Wildlife Fund* (WWF), cartas abertas assinadas por personalidades laureadas com o Prêmio Nobel, entre outras fontes de prestígio e credibilidade, consideram esse risco iminente se não corrigirmos o rumo desde já. Alguns estudos indicam que, se nada for feito, se permanecermos sem as mudanças estruturais necessárias, essa ruptura poderia acontecer aproximadamente em 2050.

Os espíritas informam que o processo de evolução do planeta Terra – que deixará de ser um mundo de provas e expiações para se afirmar como um mundo de regeneração – está em pleno curso e vai provocar mudanças importantes na vibração do orbe, o que significa que só permanecerão por aqui aqueles que vibrarem em frequência compatível.

Há sempre os que esperam uma intervenção direta da Divindade em favor dos humanos, resolvendo como num passe de mágica todos os nossos problemas. Evocam-se certas atribuições de Deus – "infinitamente bom, justo e misericordioso" – para nos redimir como espécie neste momento de crise. Cabe aqui uma reflexão importante sobre a expectativa que devemos ter de Deus para socorrer a nós, que fomos feitos "à imagem e semelhança do Pai", neste momento difícil. Se é verdade que a Providência Divina nunca nos abandona, também é verdade que nossas escolhas são soberanas e determinantes do destino que teremos. A função do livre-arbítrio é conferir a cada ser humano o mérito – ou o demérito – de suas escolhas, sendo cada um de nós responsável direto pelo seu próprio processo evolutivo. Sempre amparados e protegidos por Deus, acompanhados de perto por nossos guias e mentores espirituais, cada um de nós assume perante a Lei a Responsabilidade pelas escolhas que fazemos.

A título de exemplo, se o Espiritismo, bem como todas as religiões, condena o suicídio por entender o autoextermínio como uma afronta às Leis de Deus, a prática do suicídio depende exclusivamente da vontade de quem o pratica (ou, em alguns casos, também da influência espiritual exercida por desencarnados que acompanham o suicida). Ele, o suicida, é o responsável direto pelo retorno precoce à Pátria Espiritual, arcando com as consequências, invariavelmente nefastas, dessa escolha.

Se entendemos que as escolhas coletivas da Humanidade têm determinado a exaustão dos recursos naturais não renováveis do planeta, e que isso se volta contra nós a ponto de ameaçar diretamente a nossa sobrevivência, a já mencionada expressão "ecocídio" faz sentido e se aplica à realidade presente. Se o suicida escolhe matar o corpo, e isso acaba acontecendo pela vontade de seu livre-arbítrio, o mesmo poderia acontecer coletivamente se nossas escolhas não forem repensadas, se não empregarmos tempo e energia suficientes na solução desses problemas, causados por nós mesmos. Hoje, apesar de amplos e detalhados diagnósticos sobre a situação cada vez mais precária dos ecossistemas, não se percebe um senso de urgência que oriente a tomada de decisão no rumo certo.

E Deus nessa história? Bem, o Deus que protege e ampara é o mesmo que delega funções e atribuições. Em uma linguagem típica dos mercados, Deus "terceiriza" e confiou o planeta à tutela dos homens. Será que estamos devidamente mobilizados para enfrentar esses problemas? No livro *Desmistificando o dogma da reencarnação*, o físico, mestre e doutor em Engenharia pela USP, Wladimyr Sanches, lembra que:

> O desafio de enfrentar problemas cruciais para a manutenção da vida biótica na Terra é um meio de se acabar com o marasmo em que a sociedade atual vem se acomodando. É preciso ver e temer o perigo, de perto, para que as soluções brotem, com esforço coletivo, já que o perigo é inerente a todos e não apenas a alguns países.[36]

A boa notícia é que dispomos de suficiente conhecimento e tecnologia para mudarmos o curso da História na direção que interessa. Mas será que é isso que realmente desejamos?

---

[36] SANCHES, Wladimyr. *Desmistificando o dogma da reencarnação*. São Paulo: IPECE, 2002. p. 89.

12

LEI DE DESTRUIÇÃO

Espíritas e ecologistas entendem a necessidade da destruição para a manutenção do equilíbrio. Isso vale, por exemplo, para os incêndios de causa natural que renovam a vegetação de ecossistemas como o cerrado brasileiro, permitindo a limpeza do solo e a germinação de sementes. Ou ainda para a *cadeia alimentar* baseada na ação dos predadores que caçam as espécies mais vulneráveis, e assim sucessivamente, do mais forte para o mais fraco. É esse equilíbrio dinâmico – baseado em sofisticadas engrenagens que regem a vida e a morte – que assegura a perenidade dos ecossistemas e dos seres vivos que neles existem.

Há um capítulo inteiro de *O livro dos espíritos* que explica a chamada *Lei de Destruição*, que é entendida como uma das Leis Morais da Doutrina. "Preciso é que tudo se destrua para renascer e se regenerar. Porque, o que chamais de destruição não passa de uma transformação, que tem por fim a renovação e a melhoria dos seres vivos".[37] Segundo o Espiritismo, a necessidade de destruição não se dá por igual em todos os mundos, e será cada vez menos necessária quanto mais evoluído física e moralmente for o planeta em questão.

Importa reconhecer o gênero de destruição sobre o qual estamos falando. Um, de origem natural, conspira em favor da manutenção da vida; o outro, de origem antrópica, causada pelo homem, determina impactos negativos sobre os ciclos da Natureza, precipitando cenários de desconforto ambiental crescente. É o caso, por exemplo, dos rompimentos de barragens da mineradora Vale

---

[37] KARDEC, Allan. *O livro dos espíritos*. Trad. Guillon Ribeiro. 93. ed. 9. imp. Brasília: FEB, 2019. q. 728.

em Mariana (2015) – o maior desastre do gênero do mundo, que destruiu a *Bacia* do Rio Doce inteira – e Brumadinho (2019). Foram registradas aproximadamente 300 mortes e impactos ambientais que ninguém sabe precisar quanto tempo levará para serem totalmente remediados. As investigações revelaram a irresponsabilidade da empresa na gestão de riscos e prevenção de desastres.

Há, portanto, uma questão moral embutida nessas situações. Se entendemos que as práticas sustentáveis, em seus diferentes aspectos, significam fazer o bem, não ser sustentável – ou a inação num cenário de crise global – ajuda a desequilibrar a balança para o outro lado. Se não existe neutralidade no Universo, e cada ação ou inação reverbera de maneira distinta na forma como interagimos constantemente com o cosmos, é importante que a tomada de consciência se desdobre na direção de novas ações, novas rotinas, novas escolhas em favor da vida.

> É IMPORTANTE QUE A TOMADA DE CONSCIÊNCIA SE DESDOBRE NA DIREÇÃO DE NOVAS AÇÕES, NOVAS ROTINAS, NOVAS ESCOLHAS EM FAVOR DA VIDA.

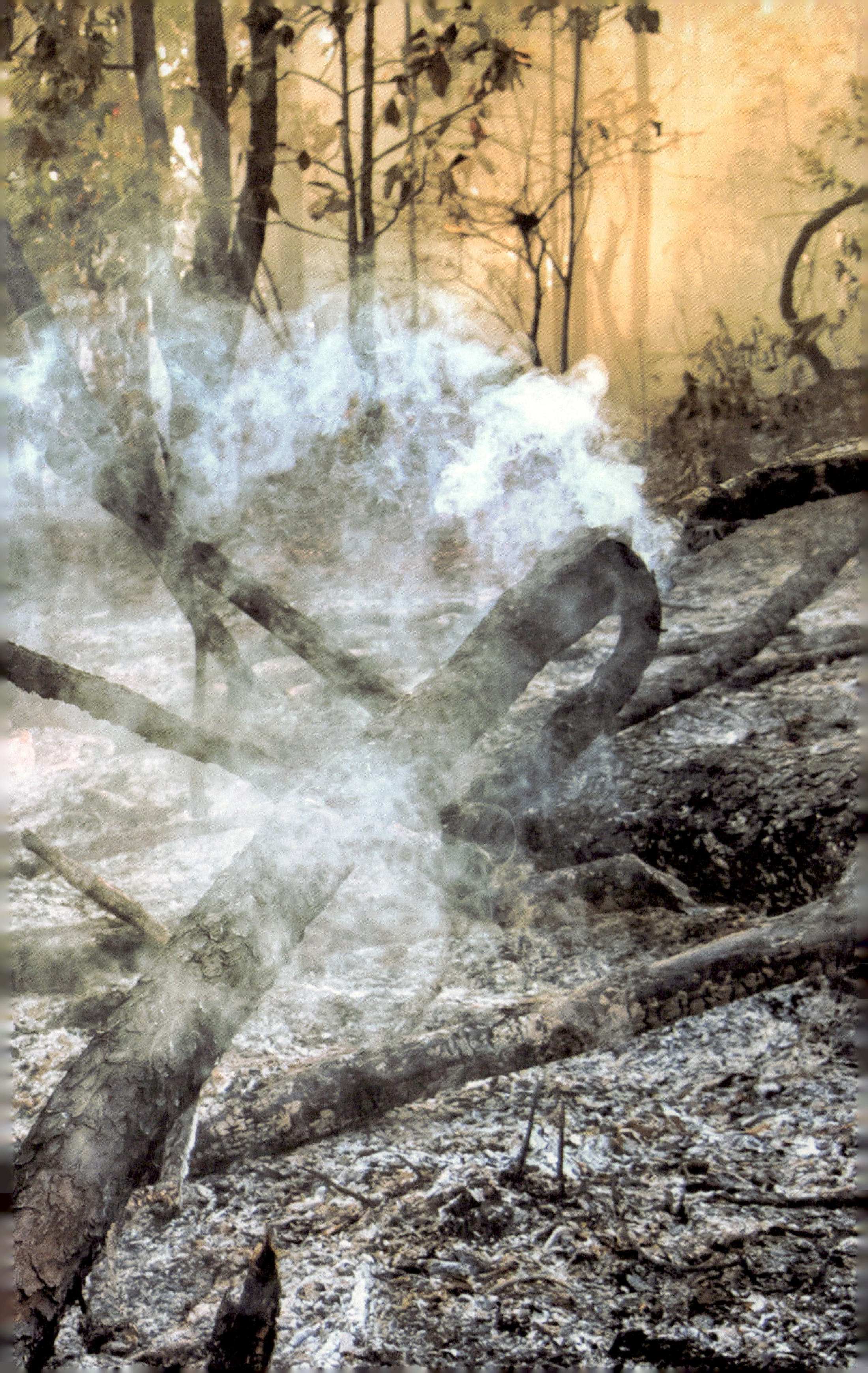

13

POLUIÇÃO E PSICOSFERA

Espíritas e ecologistas identificam rastros de poluição nos dois planos da vida. São diferentes categorias de "resíduos" que geram problemas tanto no plano material quanto no campo sutil. Nas ciências ambientais, define-se como poluente toda substância ou agente físico que provoca, de forma direta ou indireta, qualquer alteração ou efeito adverso no ambiente. Embora os poluentes sejam tão antigos quanto o homem – visto que basta viver para descartar resíduos que podem gerar problemas –, foi a partir da segunda metade do século XX, com o desenvolvimento dos meios de produção e de consumo, que os impactos sobre o ar, a água e a terra – gerados a partir do descarte inadequado de diferentes famílias de resíduos em grande escala – se transformaram em um problema global ainda sem solução.

No livro *Após a tempestade*, psicografado pelo médium Divaldo Pereira Franco em 1974, dois anos depois da Conferência de Estocolmo, o Espírito Joanna de Ângelis dedica um capítulo inteiro, intitulado "Poluição e psicosfera", à abordagem desse problema.

> Ecólogos do mundo inteiro preocupam-se na atualidade com a poluição devastadora, que resulta em detritos superlativos que são atirados nos oceanos, lagos e "terras inúteis" circunjacentes às grandes metrópoles, como tributo pago pelo conforto e pelas conquistas tecnológicas.[38]

---

[38] FRANCO, Divaldo P. *Após a tempestade*. Pelo Espírito Joanna de Ângelis. 3. ed. Salvador: Leal, 1985. p. 21.

Em um outro trecho da mensagem, Joanna estabelece conexões importantes entre diferentes tipos de poluentes:

> [...] referimo-nos à poluição mental que interfere na ecologia psicosférica da vida inteligente, intoxicando de dentro para fora e desarticulando de fora para dentro. Estando a Terra vitimada pelo entrechoque de vibrações, ondas e mentes em desalinho, como decorrência do desamor, das ambições desenfreadas, dos ódios sistemáticos [...] a poluição mental campeia livre, favorecendo o desbordar daquela de natureza moral, fator primacial para o aparecimento das outras que são visíveis e assustadoras.[39]

De acordo com o site de pesquisa espírita Guia – HEU (**H**omem-Humano, **E**spírito e **U**niverso), a autoria do neologismo *psicosfera* (também chamada de fotosfera psíquica) é atribuída ao Espírito André Luiz, autor de *Nosso lar*, psicografado por Francisco Cândido Xavier, *best-seller* com mais de 1.600.000 exemplares vendidos até hoje no Brasil. Psicosfera é um:

> [...] campo resultante de emanações de natureza eletromagnética, a envolver todo o ser humano, encarnado ou desencarnado. Reflete não só a sua realidade evolutiva, seu padrão psíquico, como sua situação emocional e o estado físico do momento.[40]

A expressão ganha significados mais amplos no *Dicionário de filosofia espírita* de L. Palhano Jr. Lá o verbete psicosfera é apresentado como "o mesmo que aura; ambiente psíquico, campo

---

[39] FRANCO, Divaldo P. *Após a tempestade*. Pelo Espírito Joanna de Ângelis. 3. ed. Salvador: Leal, 1985. p. 24.
[40] Disponível em: http://www.guia.heu.nom.br/psicosfera.htm. Acesso em: 16 jul. 2009.

de influência psíquica de um indivíduo, pessoa, animal, vegetal, objeto, ambiente, planeta etc."[41]

O cientista, filósofo e teólogo sueco Emanuel Swedenborg descreveu certa vez a existência de uma "densa nuvem que se havia formado em redor da Terra, devido à grosseria psíquica da Humanidade".[42]

Entende-se no meio espírita que a psicosfera de um mundo de provas e expiações (atual nível evolutivo da Terra) é sofrível. O Espírito André Luiz, no livro *Missionários da luz*, menciona as "emanações de natureza psíquica que envolvem a Humanidade, provenientes das colônias de seres desencarnados que rodeiam a Terra".[43] E ressalta a importância da oração para desanuviar esse ambiente psíquico desfavorável: "Toda prece elevada é manancial de magnetismo criador e vivificante, e toda criatura que cultiva a oração, com o devido equilíbrio de sentimento, transforma-se, gradativamente, em foco irradiante de energias da Divindade".[44]

No mesmo livro, é impressionante o relato feito a André Luiz pelo instrutor Alexandre a respeito de outras energias que alcançam a Humanidade no orbe terrestre, determinando a qualidade do meio ambiente em que vivemos:

> Descem sobre a fronte humana, em cada minuto, bilhões de raios cósmicos, oriundos de estrelas e planetas amplamente distanciados da Terra, sem nos referirmos aos raios solares, caloríficos e luminosos que a ciência terrestre mal começa a conhecer. Os raios gama, provenientes do rádium que se desintegra incessantemente

---

[41] PALHANO Jr., L. *Dicionário de filosofia espírita*. 2. ed. Rio de Janeiro: Edições Léon Denis, 2004. p. 254.
[42] Disponível em: http://www.espirito.org.br/portal/doutrina/Espiritismo-parainiciantes- 3.html. Acesso em: 16 jul. 2009.
[43] XAVIER, Francisco C. *Missionários da luz*. Pelo Espírito André Luiz. 45. ed. 13. imp. Brasília: FEB, 2020. cap. 6 – *A oração*.
[44] _____. _____.

do solo, e os de várias expressões emitidas pela água e pelos metais, alcançam os habitantes da Terra pelos pés, determinando consideráveis influenciações. E, em sentido horizontal, experimenta o homem a atuação dos raios magnéticos exteriorizados pelos vegetais, pelos irracionais e pelos próprios semelhantes.[45]

O leitor já deve ter se dado conta da abrangência do meio ambiente quando combinamos as visões ecológica e espírita da realidade que nos cerca. Se a ciência ecológica oferece um amplo espectro de observação interligando sistemas que variam do micro ao macrocosmo, o Espiritismo desdobra esse olhar na direção do campo sutil, alargando enormemente o horizonte de investigação.

> **O LEITOR JÁ DEVE TER SE DADO CONTA DA ABRANGÊNCIA DO MEIO AMBIENTE QUANDO COMBINAMOS AS VISÕES ECOLÓGICA E ESPÍRITA DA REALIDADE QUE NOS CERCA.**

---

[45] XAVIER, Francisco C. *Missionários da luz*. Pelo Espírito André Luiz. 45. ed. 13. imp. Brasília: FEB, 2020. cap. 6 – A oração.

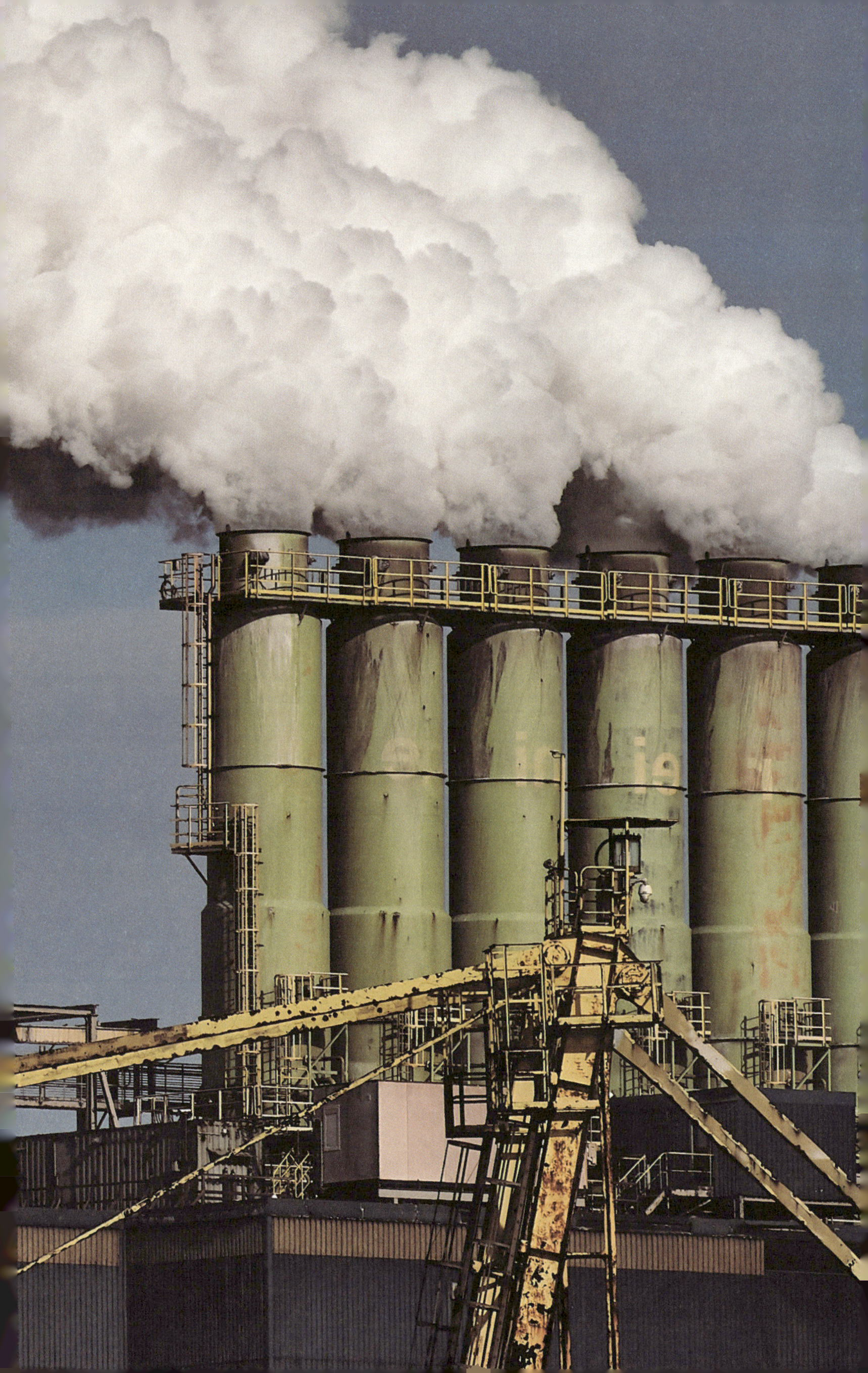

14

CONSUMO CONSCIENTE

Ecologia e Espiritismo denunciam, cada qual à sua maneira, as mazelas causadas pelo consumismo tanto para a Humanidade quanto para o planeta. Antes de elucidarmos essa questão, importa estabelecer a diferença entre *consumo* e *consumismo*. O relatório do desenvolvimento humano publicado em 1998 pelo Pnud assinala que:

> O consumo contribui claramente para o desenvolvimento humano quando aumenta as suas capacidades, sem afetar adversamente o bem-estar coletivo, quando é tão favorável para as gerações futuras como para as presentes, quando respeita a capacidade de suporte do

planeta e quando encoraja a emergência de comunidades dinâmicas e criativas.[46]

Não é possível viver sem consumir. Tudo o que consumimos é retirado sistematicamente da natureza como matéria-prima e energia. É isso que torna possível os atos mais banais do dia a dia como comer, vestir- se, morar, trabalhar etc. O consumo favorece a vida e deve ser entendido assim.

Já o consumismo remete ao excesso, ao exagero, ao desperdício dos recursos. Toda vez que excedemos o consumo do que nos é necessário — e à medida que isso se torna algo cultural, incorporado à rotina, sem nenhuma noção dos impactos causados — geramos algum tipo de desequilíbrio de ordem material ou moral.

---

[46] Apud FELDMAN, Fábio. Consumismo. In: TRIGUEIRO, André (Coord.) *Meio ambiente no século 21*, op. cit., p. 148.

Os problemas causados pelo consumismo em escala planetária foram denunciados num dos mais importantes e prestigiados relatórios sobre o meio ambiente, o *Estado do Mundo*, produzido por técnicos da organização não governamental *Worldwatch Institute*: "Altos níveis de obesidade e dívidas pessoais, menos tempo livre e meio ambiente danificado são sinais de que o consumo excessivo está diminuindo a qualidade de vida das pessoas"[47].

Sobre esse documento, o jornalista Washington Novaes escreveu em sua coluna no jornal O *Estado de S. Paulo*:

> Estados Unidos, Europa, Japão e mais uns poucos países industrializados concentram uns 80 por cento da produção, do consumo e da renda do mundo. E uma parte considerável desse consumo é supérflua. Gastam-se 18 bilhões de dólares por ano no mundo com perfumes e cosméticos – que bastariam para eliminar a fome de 800 milhões de pessoas. Gastam-se 12 bilhões de dólares por ano com sorvetes na Europa, suficientes para prover com água de boa qualidade mais de 1 bilhão de pessoas que não a têm.[48]

Essas distorções apontadas no relatório do *Worldwatch Institute* refletem um problema de origem moral: como é possível ostentar a abundância onde ainda haja tanta escassez? Como aceitar um modelo de desenvolvimento que produz tamanhas desigualdades? O sociólogo polonês Zygmunt Bauman observou com muita precisão que "a solidariedade humana é a primeira baixa causada pelo triunfo do mercado consumidor".[49]

---

[47] *State of the World 2004*: A Worldwatch Institute report on progress toward a sustainable society. New York: W. W. Norton & Company, 2004.
[48] NOVAES, Washington. *Relatório Estado do Mundo aponta consume exagerado*, 2004. Disponível em: http://www2.tvcultura.com.br/reportereco/artigo.asp?artigoid=19. Acesso em: 16 jul. 2009.
[49] BAUMAN, Zygmunt. *Amor líquido*. Rio de Janeiro: Jorge Zahar Editor, 2004. p. 96.

Parte desses problemas teve origem há quase 300 anos, quando foram dados os primeiros passos na direção de um novo paradigma civilizatório. Com o advento da Revolução Industrial, a mecanização progressiva dos meios de produção aumentou numa escala sem precedentes a demanda por matéria-prima e energia. As máquinas aceleravam o processo fabril, linhas de montagem reduziam drasticamente o tempo de produção e o mundo descobria maravilhado as benesses de novas tecnologias que prometiam tornar a vida de toda a Humanidade progressivamente mais confortável e prazerosa. Todo esse aparato tecnológico, porém, – com o monumental derrame de produtos no mercado – só resultaria em benefício para o sistema se o consumo pudesse ser estimulado a um nível compatível, ou seja, tudo o que era produzido em escala precisava ser consumido em escala. Para que isso pudesse acontecer, era preciso estimular as pessoas a consumirem muito além do necessário, sem nenhuma culpa ou remorso.

Segundo o historiador Fernando Braudel, a Revolução Industrial teria, na verdade, alterado drasticamente a demanda, constituindo-se numa "transformação de desejos".[50] Surge aí a chamada *sociedade de consumo*, na qual a figura do consumidor é aquela que detém o poder de realizar desejos, "sonhos de consumo" tão efêmeros e descartáveis quanto uma bolha de sabão.

O filósofo alemão Arthur Schopenhauer (contemporâneo de Kardec e de Haeckel) denunciou o sofrimento inerente a esse estado de desejo latente que atormenta a Humanidade:

> [...] as exigências se prolongam ao infinito; a satisfação é curta e de medida escassa. O contentamento finito, inclusive, é somente aparente: o desejo satisfeito imediatamente dá lugar a outro; aquele já é uma ilusão conhecida, este ainda não. Satisfação duradoura e

---

[50] Apud FELDMAN, Fábio. Consumismo. In: TRIGUEIRO, André (Coord.) *Meio ambiente no século 21*, op. cit., p. 149.

permanente objeto algum do querer pode fornecer; é como uma caridade oferecida ao mendigo, a lhe garantir a vida hoje e prolongar sua miséria ao amanhã.[51]

A publicidade não inventou o desejo de consumir muito além do necessário, mas sofisticou exponencialmente os meios de se despertar novos e vorazes apetites de consumo. A massificação dos desejos por meio da publicidade gera problemas ainda pouco conhecidos ou discutidos na sociedade moderna. Prêmio Global 500 da ONU por sua atuação em favor do meio ambiente, o ex-deputado federal constituinte e ex-secretário de Meio Ambiente do Estado de São Paulo, Fábio Feldman, denuncia a existência de um:

> [...] componente cultural extremamente complexo que se manifesta na universalização de estilos de vida, caracterizada pela fixação de certos padrões sociais e aspirações de consumo por meio da expansão de uma cultura baseada em pesquisas de mercado, que se concretiza por intermédio de objetos como vídeos, músicas, automóveis, jeans, enfim, toda uma parafernália voltada para atender desejos e necessidades criados por uma sociedade que depende dessa economia para continuar existindo.[52]

Na sociedade de consumo os publicitários desempenham uma função estratégica de despertar novos desejos a cada campanha, usando diferentes mídias para alcançar o mesmo objetivo: vender um novo produto ou serviço para determinado público-alvo. Recorre-se a pelo menos três poderosas ferramentas para isso: sons, imagens e arquétipos. Todos os sons (tenham eles origem em trilhas incidentais ou em músicas já conhecidas) são

---

[51] SCHOPENHAUER, Arthur. *O mundo como vontade e representação* — fragmento. Filosofia Ciência & Vida, São Paulo, nº 33, p. 53, 2009.
[52] FELDMAN, Fábio. Consumismo. In: TRIGUEIRO, André (Coord.) *Meio ambiente no século 21*, op. cit., p. 148-149.

vibrações que se desdobram em determinada frequência, assim como nós. Quando tocam a "sua" música no comercial, ou um ritmo com o qual você tem afinidade, há um encontro de vibrações, estabelece-se a sintonia, abrimos a porta para que a mensagem publicitária entre sem pedir licença.

No jornalismo se diz que uma boa imagem vale mais do que mil palavras. As imagens com forte apelo visual são autoexplicativas, dispensam legendas e comunicam muito rapidamente o que se deseja transmitir. Nas mídias que usam imagens, a mensagem ganha um poderoso aliado. Se há imagem e som, a ofensiva é ainda mais eficiente.

E o que dizer quando elementos arquetípicos são incorporados à campanha publicitária? Boa parte das escolhas feitas pelos consumidores não tem origem em nosso lado consciente, mas a partir de registros acumulados em nosso inconsciente, plenos de significado. Foi o médico e psiquiatra suíço Carl Gustav Jung quem usou a expressão arquétipo para designar as "imagens primordiais" que corresponderiam simbolicamente a algumas situações que experimentamos conscientemente. Quando se busca no inconsciente coletivo imagens mitológicas ou situações que remetem a expectativas comuns a todos nós, como, por exemplo, a de encontrar o "par perfeito" (a alma gêmea) para compor uma campanha publicitária, isso ganha uma força incomum.

Não é à toa que uma nova área da ciência recentemente criada, chamada de neuromarketing, procura decifrar os códigos secretos que regem as escolhas dos consumidores. Também não é à toa que o coordenador do Núcleo de Estudos Transdisciplinares de Comunicação e Consciência (NETCCON) da Escola de Comunicação da UFRJ, Evandro Ouriques, que também é terapeuta de base analítica, chama, de forma bem-humorada, a publicidade de "magia negra", quando se manipulam sons, imagens e arquétipos para alcançar objetivos menos nobres.

Em favor dos publicitários, é bom que se diga que todas essas "ferramentas mágicas" também estão sendo usadas, ainda que numa proporção infinitamente menor, para a construção de campanhas extremamente importantes de mobilização da sociedade em benefício de causas justas, éticas e urgentes. Como diz uma amiga minha, publicitária, "se conseguimos transformar um líquido preto, borbulhante, com soda cáustica, em um refrigerante desejado no mundo inteiro, o que não poderíamos fazer?".

ECOLOGIA E ESPIRITISMO DENUNCIAM, CADA QUAL À SUA MANEIRA, AS MAZELAS CAUSADAS PELO CONSUMISMO TANTO PARA A HUMANIDADE QUANTO PARA O PLANETA.

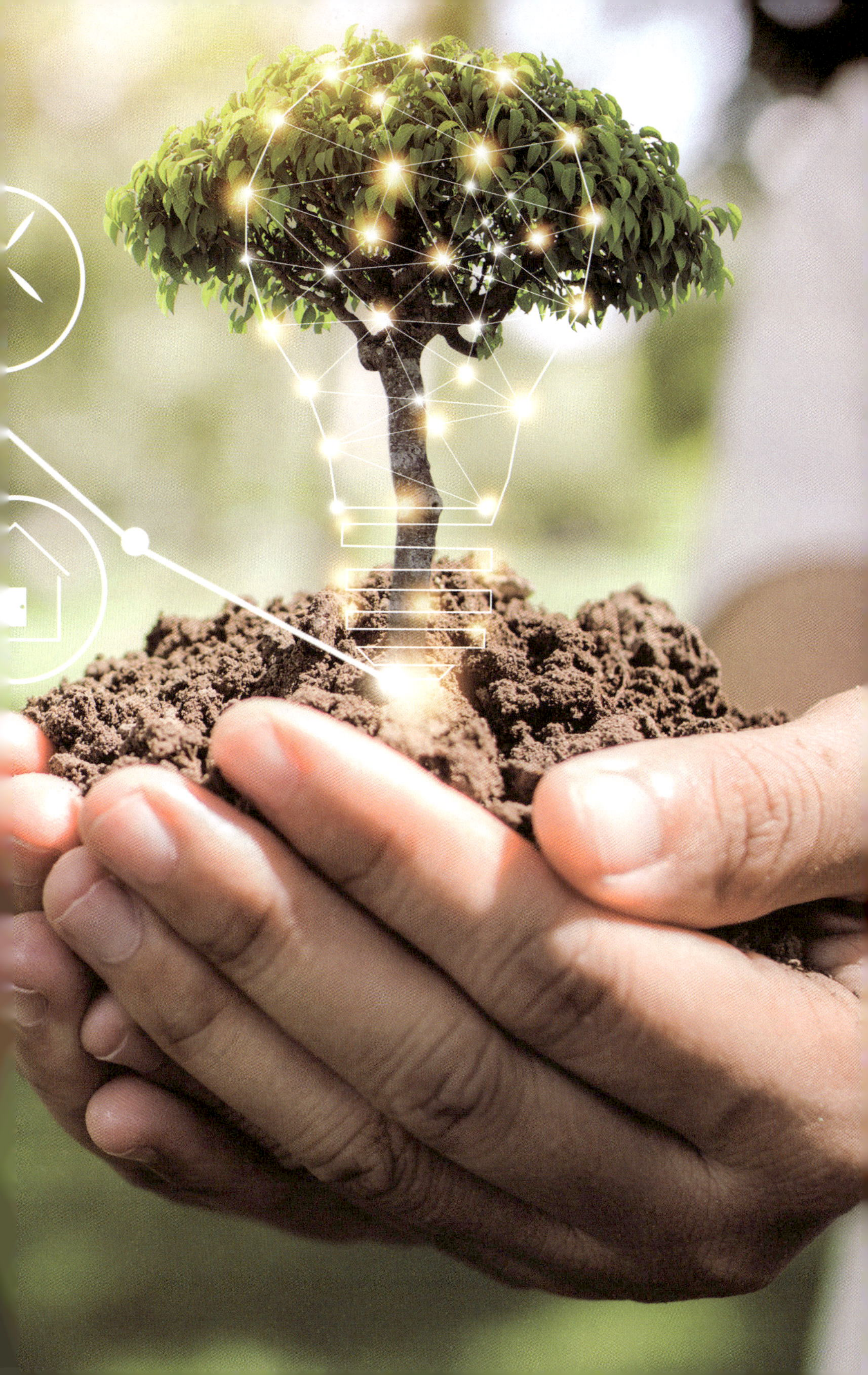

15

PEGADA ECOLÓGICA

Num país como o Brasil, onde 96,3% dos domicílios possuem ao menos um aparelho de televisão,[53] a publicidade que fomenta novos desejos se depara com um velho problema nacional: a desigualdade. Considerando que a maioria das pessoas não tem dinheiro sobrando para comprar tudo o que deseja, ou que passa a desejar a partir das campanhas publicitárias, disseminam-se pacotes de frustração. Angústia, ansiedade, tristeza, eventualmente depressão e, em casos extremos, a violência, podem surgir como resposta à exclusão da sociedade de consumo, à impossibilidade de adquirir um novo produto ou serviço.

---

[53] IBGE — Instituto Brasileiro de Geografia e Estatística. *Pesquisa nacional por amostra de domicílios*. Rio de Janeiro: IBGE, 2019.

Se para os adultos resistir minimamente aos apelos da publicidade já constitui uma tarefa difícil, imagine-se para as crianças. No caso da garotada, a internet (onde a publicidade também está presente) passou a ser referencial na cultura, entretenimento e na troca de mensagens. De acordo com o IBGE,[54] a internet já chega a 82,7% dos domicílios brasileiros, principalmente pelos celulares. Dados do Tik Kids on Line Brasil 2018,[55] divulgados pelo Comitê Gestor da Internet no Brasil, revelam que 8 em cada 10 crianças e adolescentes do país assistem a vídeos, programas, filmes ou séries na internet. O levantamento indica que 24,3 milhões

---

[54] IBGE — Instituto Brasileiro de Geografia e Estatística. *Pesquisa nacional por amostra de domicílios*. Rio de Janeiro: IBGE, 2019.
[55] Disponível em: https://agenciabrasil.ebc.com.br/geral/noticia/2019-09/brasil-tem-243-milhoes-de-criancas-e-adolescentes-utilizando-internet. Acesso em: 30 jan. 2022.

de crianças e adolescentes (86% das pessoas entre 9 e 17 anos) usam regularmente a internet.

Segundo a coordenadora geral do Projeto Criança e Consumo do Instituto Alana, Isabella Henriques, "até os 12 anos de idade a criança não consegue compreender plenamente as relações de consumo e, dessa forma, é incapacitada para fazer escolhas conscientes"[56]. De acordo com dados do mesmo Instituto, com base na revista *The Economist*, como 80% das decisões de compra em uma casa vêm das crianças, é para elas que os comerciais são feitos. Sem discernimento para realizar escolhas, mas com amplos poderes de decisão, a criança é o alvo predileto de muitos publicitários, o que pode gerar acalorados debates sobre os limites éticos de certas campanhas. Não por outra razão, todos os dez países com maior qualidade de vida do mundo têm restrições legais à publicidade dirigida ao público infantil.[57]

A ex-ministra do Meio Ambiente, senadora Marina Silva, definiu com precisão a relação entre as novas gerações de consumidores e a situação do planeta:

> O triste é que as crianças estão substituindo o brincar pelo consumir. Com graves consequências para elas e para o meio ambiente. Paradoxalmente, são as crianças, adolescentes e jovens os que mais têm se mostrado sensíveis à preocupação com a proteção da Natureza. Mas, hiperestimulados ao consumo, desde a mais tenra idade, não conseguem fazer ligação entre seus sinceros ideais de *preservação* dos recursos naturais – sem os quais serão prejudicados no futuro – e o desenfreado consumo que ironicamente vai, aos poucos,

---

[56] Disponível em: http://www.abn.com.br/editorias1.php?id=49037. Acesso em: 10 jul. 2009.
[57] Disponível em: http://www.meujornal.com.br/cbm/jornal/materias/integra.aspx?id=987107. Acesso em: 13 mai. 2013.

os transformando em exterminadores de si mesmos. E esse talvez seja um "exterminador do futuro" mais preocupante do que o da ficção cinematográfica.[58]

Novas gerações de consumidores crescem sem perceber a relação que existe entre consumo e meio ambiente e, o que é mais preocupante, repetindo clichês do movimento ambientalista como "cuide do planeta hoje para que nossos filhos e netos tenham direito a um futuro", "protejam as baleias", ou ainda "salvem a Amazônia". Ignora-se a dimensão política presente no ato de consumo. Quando escolhemos de forma consciente o que nos convém consumir, evitando excessos e adotando marcas comprometidas com a sustentabilidade, estamos assumindo o papel que se espera de um consumidor do século XXI.

Não é mais possível, por exemplo, defender a exploração sustentável da floresta amazônica sem privilegiar o consumo de carne bovina de origem legal, uma vez que dados da Organização das Nações Unidas para a Alimentação e Agricultura (FAO) indicam que 80% da destruição do verde na região têm origem na pecuária extensiva[59]. Sem informação, o consumidor pode estar comendo carne com cheiro de floresta queimada.

Há ainda a possibilidade de essa carne ter as digitais de escravos em pleno século XXI. De acordo com a Secretaria de Inspeção do Trabalho, do Ministério Público do Trabalho (MPT), apenas em 2021, 1.105 trabalhadores foram retirados de trabalhos análogos à escravidão em 234 operações de resgate. A pecuária respondeu pela maior parte dos flagrantes (23%).[60]

---

[58] SILVA, Marina. *Quando o comprar substitui o brincar*, 2009. Disponível em: www.terramagazine.com.br. Acesso em: 23 jul. 2009.
[59] Disponível em: https://www.ecodebate.com.br/2020/10/16/pecuaria-e-causa-de-desmatamento-na-amazonia-diz-relatorio. Acesso: 6 fev. 2022.
[60] Disponível em: https://observatorio3setor.org.br/noticias/trabalho-escravo-contemporaneo-o-que-e-e-como-combater/-. Acesso: em 30 jan. 2022.

A rastreabilidade da carne — a capacidade de se identificar a origem do produto e a devida certificação por instituições confiáveis — garante o consumo seguro de um produto que não é responsável por desmatamentos ou uso de mão de obra escrava; já é possível encontrar no mercado madeira e soja de origem amazônica com certificados ambientais, mas ainda há muito que fazer.

Uma importante contribuição para o consumo sustentável foi o lançamento do livro *Compras Públicas Sustentáveis: uso do poder de compra do governo para a promoção do desenvolvimento sustentável*,[61] que mostra como é possível produzir editais de licitação para compras públicas inserindo critérios socioambientais nos itens de pontuação. Num país como o Brasil — onde o volume de recursos públicos destinados à compra de produtos e serviços para os governos equivale a 10% do PIB —, é enorme a contribuição dos gestores públicos no momento em que se decide comprar, por exemplo, carteiras escolares com madeira certificada, frotas de carros com modelos mais econômicos ou lâmpadas eficientes que consomem menos energia.

O livro demonstra que a Lei nº 8.666, de 21 de junho de 1993, que institui normas para licitações e contratos da Administração Pública, não impede o "esverdeamento" dos editais. Normalmente, os editais de licitação no Brasil privilegiam apenas o menor preço, condições de pagamento e de entrega. Não raro, quem respeita essas condições não leva em consideração a questão da sustentabilidade.

Boa parte desses movimentos em favor do consumo consciente utiliza uma importante ferramenta metodológica para legitimar suas ações. A "pegada ecológica" (*ecological footprint*)[62]

---

[61] Organizado por Rachel Biderman, Laura Silvia Valente Macedo, Mario Monzoni e Rubens Mazon. Rio de Janeiro: Editora FGV, 2006.
[62] REES, William; Wackernagel, Mathis. *Our Ecological Footprint: reducing human impact on the Earth*. Gabriola Island/Canada: New Society Publishers, 1996.

revela o espaço físico do planeta que cada um de nós precisa ter exclusivamente para suportar nosso estilo de vida. Ou seja, mostra a energia e a matéria-prima de que necessitamos, além do espaço para armazenar todo o lixo que produzimos durante um ano. Para conhecer sua pegada ecológica, a pessoa deve responder a um questionário que apura diferentes hábitos de consumo, como, por exemplo, qual o meio de transporte normalmente utilizado, hábitos alimentares, uso de eletrodomésticos, tempo do banho etc. A resposta é expressa em hectares de terra que precisam existir apenas para satisfazer a esses hábitos de consumo, além de uma projeção de quantos planetas seriam necessários se toda a população da Terra tivesse hábitos semelhantes. O método, criado no início da década de 1990 pelos pesquisadores William Rees e Mathis Wackernagel, vem sendo utilizado por diversas organizações para aferir a pegada ecológica de pessoas, cidades, países, e até do planeta.

A organização não governamental WWF anunciou, em 2008, que a pegada ecológica do planeta havia ultrapassado em 25% a capacidade de suporte da Terra. Dados mais recentes mostram que já estamos utilizando cerca de 50% a mais do que o que temos disponível em recursos naturais, ou seja, que precisamos de um planeta e meio para sustentar nosso estilo de vida atual. Isso significa que se a Terra fosse um governo ou uma empresa, estaria quebrada, operando no vermelho, em regime pré-falimentar. "Se a nossa demanda por recursos do planeta continuar a aumentar no mesmo ritmo, entre 2030 e 2040, nós precisaremos do equivalente a dois planetas para manter o nosso estilo de vida",[63] disse o diretor da WWF International, James Leape. Como não há mais do que um planeta disponível, é melhor fazer bom uso dos recursos disponíveis, para que não falte o necessário.

---

[63] Disponível em: http://www.estadao.com.br/noticias/vidae,para-wwf-mundo-precisarade-duas-terras-para-manter-consumo,268760,0.htm. Acesso em: 16 jul. 2009.

A cada ano, exaurimos mais rapidamente o estoque de recursos naturais que deveria estar disponível para a Humanidade para o ano inteiro. O cálculo é feito pela Global Footprint Network, organização que criou o conceito de pegada ecológica. Em 2021, por exemplo, esse estoque exauriu-se no dia 29 de julho (no Brasil essa data ocorreu dois dias antes, em 27 de julho). Ou seja, levamos apenas 7 meses para consumir totalmente o que deveria estar disponível para um ano inteiro. O "Dia da Sobrecarga da Terra" (*Overshoot Day*) é revelado a partir de cálculos que demonstram o quanto a nossa espécie tem retirado da natureza em uma velocidade acima do que a Natureza é capaz de repor. E isso vem acontecendo a cada ano mais cedo.

Segundo o historiador escocês Niall Ferguson,[64] 100 bilhões de seres humanos já nasceram na Terra desde o aparecimento do primeiro hominídeo. Os que estão vivos hoje representam 6% desse contingente. É justamente esse grupo – no qual eu e você estamos inseridos – que terá a enorme responsabilidade de realizar as escolhas mais importantes da história da Humanidade. Não há dúvida de que estamos à altura do desafio. A pergunta fundamental é: estamos realmente interessados em enfrentá-lo?

---

[64] Apud LEITÃO, Miriam Leitão. Caminho de L'Áquila, *O Globo*, Rio de Janeiro, 12 jul. 2009. Disponível em: http://arquivoetc.blogspot.com/2009/ 07/miriam-leitao-caminho-de-laquila.html. Acesso em: 7 ago. 2009.

SOBRECARGA DA TERRA X ANO	
2000	5 de outubro
2001	4 de outubro
2002	30 de setembro
2003	21 de setembro
2004	13 de setembro
2005	6 de setembro
2006	4 de setembro
2007	2 de setembro
2008	4 de setembro
2009	8 de setembro
2010	31 de agosto
2011	27 de agosto
2012	25 de agosto
2013	22 de agosto
2014	19 de agosto
2015	13 de agosto
2016	8 de agosto
2017	2 de agosto
2018	1 de agosto
2019	29 de julho
2020	22 de agosto
2021	29 de julho

16

O CONSUMO SEGUNDO O ESPIRITISMO

Enquanto os ecologistas usam ferramentas cada vez mais sofisticadas para medir os impactos do consumo sobre os recursos naturais, os espíritas denunciam os problemas éticos decorrentes do consumismo. O assunto aparece bem fundamentado no capítulo 5 da parte terceira de *O livro dos espíritos*, que versa sobre a *Lei de Conservação*. É o caso da pergunta 705, em que Kardec indaga à Espiritualidade sobre um possível descompasso entre a capacidade de suporte da Terra e as necessidades humanas.

> Por que nem sempre a Terra produz bastante para fornecer ao homem o necessário?

É que, ingrato, o homem a despreza! Ela, no entanto, é excelente mãe. Muitas vezes também acusa a Natureza do que só é resultado de sua imperícia ou da sua imprevidência. A Terra produziria sempre o necessário, se com o necessário soubesse o homem contentar-se. Se o que ela produz não lhe basta a todas as necessidades, é que ele emprega no supérfluo o que poderia ser aplicado no necessário. [...][65]

É muito interessante a semelhança dessa resposta com uma frase bastante conhecida do Mahatma Gandhi, proferida no século seguinte: "A Terra pode oferecer o suficiente para satisfazer as necessidades de todos os homens, mas não a ganância de todos os homens".

---

[65] KARDEC, Allan. *O livro dos espíritos*. Trad. de Guillon Ribeiro. 93. ed. 9. imp. Brasília: FEB, 2019. Parte terceira, cap. 5 – *Da lei de conservação*, q. 705.

Algumas religiões ou doutrinas filosóficas denunciam com muita clareza o risco do deslumbramento com o mundo material. Defendem a consagração de parte do nosso tempo e energia ao cultivo de valores espirituais, considerados imperecíveis e essenciais, que nos acompanham, após o fim da vida corporal, por toda a eternidade.

Um dos grandes desafios da existência na Terra é calibrar com sabedoria as demandas da matéria — de que também somos feitos — sem se deixar levar pelas vicissitudes do mundo material. Nesse sentido, o apego à matéria é fator de sofrimento e estagnação espiritual. Trata-se de um tema crucial para a Doutrina Espírita, como aparece resumido na questão 799:

> De que maneira pode o *Espiritismo* contribuir para o progresso?
>
> Destruindo o materialismo, que é uma das chagas da sociedade, ele faz que os homens compreendam seus verdadeiros interesses. Deixando a vida futura de estar velada pela dúvida, o homem perceberá melhor que, por meio do presente, lhe é dado preparar o seu futuro. Abolindo os prejuízos de seitas, castas e cores, ensina aos homens a grande solidariedade que os há de unir como irmãos.[66]

A visão cristã de solidariedade encontra amplo respaldo dos movimentos ambientalistas, que invariavelmente defendem ações de interesse coletivo em detrimento dos interesses individuais. Ar limpo, água potável e terra fértil são causas em favor de todos, e não de apenas alguns. Transporte de massa rápido, eficiente e de baixo custo é uma reivindicação de grande alcance ambiental e social. Assim também ocorre quando se

---

[66] KARDEC, Allan. *O livro dos espíritos*. Trad. de Guillon Ribeiro. 93. ed. 9. imp. Brasília: FEB, 2019. Parte terceira, cap. 8 – *Da lei do progresso*, q. 799.

organizam campanhas de uso racional de água e de energia, destinação inteligente do lixo, construções sustentáveis etc.

O líder seringueiro Chico Mendes, no Acre, e a missionária norte-americana Dorothy Stang, no Pará, foram assassinados por defenderem a exploração sustentável dos recursos da floresta amazônica com justiça social. Seus assassinos pretendiam matar à bala ideias que ameaçam os interesses de fazendeiros que ainda desejam consolidar o domínio sobre grandes extensões de terra para derrubar as árvores, plantar capim e criar gado.[67]

Em linhas gerais, ecologistas e ambientalistas apregoam valores que soam bastante ameaçadores a quem se acostumou a enxergar a natureza como um gigantesco supermercado do qual basta retirar o que se deseja das prateleiras sem nenhuma preocupação com os limites do estoque. Entre boa parte dos gestores públicos e privados, a receita do bom negócio é maximizar os lucros no menor intervalo de tempo possível. Invariavelmente, o resultado desse processo não é sustentável, esgota-se o modelo e todos pagam a conta.

Outro valor cristão, o da irmandade — quando conseguimos nos perceber como irmãos no sentido sugerido por Jesus — vai ao encontro daquilo que os ecologistas defendem quando evocam o direito de todos a um mesmo planeta saudável e protegido. É incrível como isso ainda incomoda tanta gente.

---

[67] O Brasil é um dos países onde mais se matam ativistas ambientais. Segundo a organização não governamental Global Witness, em 2020, o Brasil estava em 4º lugar nesse ranking, com 20 vítimas — metade delas de povos tradicionais, sendo oito indígenas e dois ribeirinhos (naquele ano, em todo o planeta, foram 227 assassinados, sendo 75% dos casos registrados na América Latina). Disponível em: https://www.terra.com.br/noticias/ciencia/sustentabilidade/2020-teve-recorde-de-mortes-de-ativistas-ambientais-brasil-fica-em-4-no-ranking,ca4f48514799b6b0458548310e02de5d6z0uzvtr.html. Acesso: 12 fev. 2022.

17

A CONTA DA VIDA

Este é o título da mensagem abaixo, de autoria do Espírito Neio Lúcio, psicografada por Chico Xavier e publicada em 1949 no livro *Alvorada cristã*. Importante ler e meditar sobre as consequências do uso que fazemos dos recursos naturais ao nosso dispor na Terra.

* * *

Quando Levindo completou 21 anos, a Mãezinha recebeu-lhe os amigos, festejou a data e solenizou o acontecimento com grande alegria.

No íntimo, no entanto, a bondosa senhora estava triste, preocupada.

O filho, até à maioridade, não tolerava qualquer disciplina. Vivia ociosamente, desperdiçando o tempo e negando-se ao trabalho. Aprendera as primeiras letras a preço de muita dedicação materna e lutava contra todos os planos de ação digna.

Recusava bons conselhos e inclinava-se, francamente, para o desfiladeiro do vício.

Nessa noite, todavia, a abnegada Mãe orou mais fervorosa, suplicando a Jesus o encaminhasse à elevação moral. Confiou-o ao Céu, com lágrimas, convencida de que o Mestre Divino ampararia a vida do jovem.

As orações da devotada criatura foram ouvidas, no Alto, porque Levindo, logo depois de arrebatado pelas asas do sono, sonhou que era procurado por um mensageiro espiritual, a exibir largo documento na mão.

Intrigado, o rapaz perguntou-lhe a que devia a surpresa de semelhante visita.

O emissário fitou nele os grandes olhos e respondeu:

— Meu amigo, venho trazer-te a conta dos seres sacrificados, até agora, em teu proveito.

Enquanto o moço arregalava os olhos de assombro, o mensageiro prosseguia:

— Até hoje, para sustentar-te a existência, morreram, aproximadamente, 2.000 aves, 10 bovinos, 50 suínos, 20 carneiros e 3.000 peixes diversos. Nada menos de 60.000 vidas do reino vegetal foram consumidas pela tua, relacionando-se as do arroz, do milho, do feijão, do trigo, das várias raízes e legumes. Em média calculada, bebeste 3.000 litros de leite, gastaste 7.000 ovos e comeste 10.000 frutas. Tens explorado fartamente as famílias de seres do ar e das águas, de galinheiros e estábulos, pocilgas e redis. O preço dos teus dias nas hortas e pomares vale por uma devastação. Além disso, não relacionamos aqui os sacrifícios maternos, os recursos e doações de teu pai, os obséquios dos amigos e as atenções dos vários benfeitores que te rodeiam. Em troca, que fizeste de útil? Não restituíste ainda à Natureza a mínima parcela de teu débito imenso. Acreditas, porventura, que o centro do mundo repousa em tuas necessidades individuais e que viverás sem conta nos domínios da Criação? Produze algo de bom, marcando a tua passagem pela Terra. Lembra-te de que a própria erva se encontra em serviço divino.

Não permitas que a ociosidade te paralise o coração e desfigure o espírito!...

O moço, espantado, passou a ver o desfile dos animais que havia devorado e, sob forte espanto, acordou...

Amanhecera.

O Sol de ouro como que cantava em toda parte um hino glorioso ao trabalho pacífico.

Levindo escapou da cama, correu até à genitora e exclamou:

— Mãezinha, arranje-me serviço! Arranje-me serviço!...

— Oh! meu filho — disse a senhora, num transporte de júbilo —, que alegria! Como estou contente!... O que aconteceu?

E o rapaz, preocupado, informou:

— Na noite passada, eu vi a conta da vida.

Daí em diante, converteu-se Levindo num homem honrado e útil.[68]

---

[68] XAVIER, Francisco C. *Alvorada cristã*. Pelo Espírito Neio Lúcio. 15. ed. 10. imp. Brasília: FEB, 2019. cap. 17 – *A conta da vida*.

18

SUSTENTABILIDADE COMO VALOR ESPIRITUAL

É possível que alguns espíritas se mantenham cautelosos em relação à necessidade de modificarmos com urgência nossos hábitos e comportamentos em favor da sustentabilidade, escorados talvez na premissa determinista de que tudo se resolverá quando se completar a transição da Terra (de mundo de expiações e de provas para mundo de regeneração). Mas, é bom lembrar o que disse Santo Agostinho no capítulo III de *O evangelho segundo o espiritismo*, outra obra básica para os seguidores da Doutrina. Ao descrever o mundo de regeneração, Santo Agostinho adverte que, mesmo livre das paixões desordenadas, num clima de calma e repouso, a Humanidade ainda estará sujeita:

[...] às vicissitudes de que libertos só se acham seres completamente desmaterializados. Ainda tem que suportar provas, porém, sem as pungentes angústias da expiação.⁶⁹

[...] nesses mundos, ainda falível é o homem e o espírito do mal não há perdido completamente o seu império. Não avançar é recuar, e, se o homem não se houver firmado bastante na senda do bem, pode recair nos mundos de expiação, onde, então, novas e mais terríveis provas o aguardam.⁷⁰

Ou seja, não há mágica no processo evolutivo: nós somos os construtores do mundo de regeneração e, se não corrigirmos

---

69 KARDEC, Allan. *O evangelho segundo o espiritismo*. Trad. Guillon Ribeiro. Brasília: FEB, 2019. cap. 3 – *Há muitas moradas na casa de meu Pai*, it. 10.
70 _____. _____. it. 18.

o rumo na direção de uma sociedade sustentável, prorrogaremos situações de desconforto já amplamente diagnosticadas.

Não é possível, portanto, esperar a chegada de um mundo de regeneração de braços cruzados. Até porque, sem os devidos méritos evolutivos, muitos de nós deveremos retornar a este nosso mundo pelas portas da reencarnação. Se ainda quisermos encontrar aqui estoques razoáveis de água doce, ar puro, terra fértil, menos lixo e um clima estável – sem os flagelos previstos pela queima crescente de petróleo, gás e carvão que agravam o efeito estufa –, deveremos agir agora, sem perda de tempo.

A mobilização de outras correntes espiritualistas em favor do meio ambiente poderia servir de inspiração aos espíritas. Depois que a ONU decretou que 2003 seria o Ano Internacional da Água Doce, os católicos não hesitaram em, pela primeira vez em 40 anos de Campanha da Fraternidade, eleger um tema ecológico: "Água: Fonte de Vida". Mais de 10 mil paróquias em todo o Brasil foram estimuladas a refletir sobre o desperdício, a poluição e o aspecto sagrado desse recurso fundamental à vida. Em 2007, a Campanha da Fraternidade retornou a um assunto ecológico com o tema "Amazônia e fraternidade: vida e missão nesse chão", debatendo os dilemas de uma região que corresponde a quase metade do território brasileiro e onde vivem mais de 23 milhões de pessoas.

Em 2011, com o tema "A criação geme como em dores do parto: aquecimento global e mudanças climáticas"; em 2016, com o tema "Casa Comum: Nossa Responsabilidade", e 2017, com o tema "Fraternidade: Biomas Brasileiros e Defesa da Vida", a Campanha da Fraternidade – sempre coordenada pela Conferência Nacional dos Bispos do Brasil (CNBB) – voltou a eleger temas fortemente identificados com a sustentabilidade.

Pensadores católicos como o padre Josafá Carlos de Siqueira (que assumiu o cargo de reitor da PUC-RJ, em 2010), Leonardo

Boff, Frei Betto, padre Marcelo Barros, entre outros, tem contribuído sistematicamente para essa reflexão com livros e artigos inspirados em assuntos ecológicos. Leonardo Boff, no livro *Saber cuidar*, afirma que:

> [...] há chance de salvamento. Mas para isso devemos percorrer um longo caminho de conversão de nossos hábitos cotidianos e políticos, privados e públicos, culturais e espirituais. A degradação crescente de nossa casa comum, a Terra, denuncia nossa crise de adolescência. Importa que entremos na idade madura e mostremos sinais de sabedoria. Sem isso, não garantiremos um futuro promissor.[71]

Por defender a Teologia da Libertação, Leonardo Boff foi obrigado a respeitar um silêncio obsequioso imposto pelo Vaticano e a submeter-se a um interrogatório promovido por aquele que na época respondia pela Congregação para a Doutrina da Fé, o cardeal alemão Joseph Ratzinger, que se tornou papa e comandou a Igreja de 2005 a 2013 com o nome de Bento XVI. Quis o destino que os dois, cada um à sua maneira, defendessem a causa ambiental. Bento XVI mobilizou os católicos a participarem mais efetivamente das soluções ambientais. Foi o que aconteceu, por exemplo, na carta endereçada à Pontifícia Academia das Ciências Sociais, quando, ao discorrer sobre os três maiores desafios do mundo globalizado, apontou:

> O primeiro diz respeito ao meio ambiente e ao desenvolvimento sustentável. A comunidade internacional reconhece que os recursos do mundo são limitados e que todas as pessoas têm o dever de realizar políticas que visem salvaguardar o meio ambiente, a fim de

---

[71] BOFF, Leonardo. *Saber cuidar — ética do humano — compaixão pela terra*. Petrópolis (RJ): Vozes, 1999, p. 17.

impedir a destruição do capital natural, cujos frutos são necessários para o bem-estar da humanidade.[72]

Em março de 2008, Bento XVI acrescentou a poluição ambiental (juntamente com a manipulação genética, o uso de drogas e a desigualdade social) à lista dos pecados capitais da Igreja Católica.[73] O papa anterior, João Paulo II – cujo pontificado de 27 anos foi o quarto mais longo da história da Igreja e perpassou o período histórico em que os assuntos ambientais começaram a despertar maior interesse da comunidade internacional – já havia determinado um nível de comprometimento sem precedentes do Vaticano em defesa das causas ambientais. Foi ele quem certa vez dirigiu um veemente apelo aos católicos nos seguintes termos:

> [...] como ficar indiferente diante das perspectivas dum *desequilíbrio ecológico*, que torna inabitáveis e hostis ao homem vastas áreas do planeta?[74]

> [...] É urgente uma educação sobre a responsabilidade ecológica. O tema da proteção do ambiente merece uma extrema atenção e reveste-se verdadeiramente de uma altíssima importância no momento atual da história e do desenvolvimento do nosso mundo moderno.[75]

A eleição do primeiro papa sul-americano deu uma guinada no posicionamento da Igreja em relação aos assuntos ambientais. O cardeal argentino Jorge Mario Bergoglio tornou-se, em

---

[72] Disponível em: https://www.vatican.va/content/benedict-xvi/pt/letters/2007/documents/hf_ben-xvi_let_20070428_scienze-sociali.html. Acesso em: 18 fev. 2022.

[73] Disponível em: http://www.vatican.va/holy_father/benedict_xvi/letters/2007/documents/hf_ben-xvi_let_20070428_scienze- sociali_po.html. Acesso em: 17 jul. 2009.

[74] Disponível em: https://www.vatican.va/content/john-paul-ii/pt/apost_letters/2001/documents/hf_jp-ii_apl_20010106_novo-millennio-ineunte.html. Acesso em: 18 FEV. 2022.

[75] Disponível em: http://pastoralmeioambientesaoroque.blogspot.com/p/pastoral.html.

2013, o primeiro papa Francisco da História — em homenagem a Francisco de Assis, o padroeiro da Ecologia — e logo em sua primeira Encíclica (*Laudato Si*: *sobre o cuidado com a nossa casa comum*[76]), lançada em maio de 2015, assinalou em 184 páginas uma vigorosa crítica contra um modelo de desenvolvimento que destrói o meio ambiente ao mesmo tempo em que mantém a distância que separa os mais ricos dos mais pobres. "Que tipo de mundo queremos deixar a quem vai suceder-nos, às crianças que estão a crescer?", pergunta o papa no documento. Francisco recorre a argumentos científicos e teológicos para denunciar o agravamento da crise ambiental e a necessidade de corrigirmos o rumo.

A Encíclica — cujo título *Laudato Si*, "Louvado Seja", é inspirado no Cântico das Criaturas do *poverello* de Assis — fala de *educação ambiental*, cidadania ecológica, e exorta os cristãos a uma "conversão ecológica". Diz Papa Francisco: "Viver a vocação de guardiões da obra de Deus não é algo de opcional, nem um aspecto secundário da experiência cristã, mas parte essencial de uma existência virtuosa".

O documento abre espaço para questões filosóficas essenciais cujas respostas poderiam conter o movimento de manada que hoje atormenta parcela significativa da Humanidade. "Com que finalidade passamos por este mundo? Para que viemos a esta vida? Para que trabalhamos e lutamos?".

Analistas internacionais afirmam que a Encíclica do Papa fortaleceu inúmeras campanhas e movimentos em favor da sustentabilidade pelo mundo, inclusive as negociações que resultaram na aprovação do Acordo do Clima, em dezembro de 2015, em Paris (e que entrou em vigor um ano depois).

No Budismo não é diferente. No site do líder espiritual do Budismo Tibetano, Dalai Lama, meio ambiente é um dos nove

---

[76] FRANCISCO Papa. Carta Encíclica do Sumo Pontífice. Laudato sí – Louvado seja: sobre o cuidado da casa comum. São Paulo: Ed. Loyola, 2015.

temas-chave relacionados para consultas, e o que justificou o maior número de textos assinados por ele, nada menos do que vinte. No texto "Uma abordagem ética da proteção ambiental", Dalai Lama assevera:

> A destruição da natureza resulta da ignorância, cobiça e ausência de respeito para com os seres vivos do planeta. [...] Muitos dos habitantes da Terra, animais, plantas, insetos e até micro-organismos que já são raros ou estão em perigo, podem tornar-se desconhecidos das futuras gerações. Nós temos a capacidade, nós temos a responsabilidade. Nós precisamos agir antes que seja tarde.[77]

No excelente texto "Os domingos precisam de feriados", o rabino Nilton Bonder explica o sentido do descanso aos sábados para a comunidade judaica, o tradicional *Shabat*, evocando questões absolutamente importantes para os defensores da sustentabilidade:

> Muito além de uma proposta trabalhista, entendemos a pausa como fundamental para a saúde de tudo o que é vivo. A noite é pausa, o inverno é pausa, mesmo a morte é pausa. Onde não há pausa, a vida lentamente se extingue. Para um mundo no qual funcionar 24 horas por dia parece não ser suficiente, onde o meio ambiente e a terra imploram por uma folga, onde nós mesmos não suportamos mais a falta de tempo, descansar se torna uma necessidade do planeta.[78]

Nas religiões de matriz africana – que inspiraram o aparecimento de novas tradições místicas no Brasil –, a Natureza é

---

[77] Disponível em: http://www.dalailama.com/messages/environment/an-ethical-approach. Acesso em: 13 mai. 2013.
[78] Disponível em: http://www.mundosustentavel.com.br/bonder.pdf. Acesso em: 18 jul. 2009.

sagrada. Ex-ministro da Cultura e ex-vereador pelo Partido Verde (PV) em Salvador, o músico e compositor Gilberto Gil afirma que a Natureza é:

> [...] uma espécie de teatro para a manifestação do sagrado. É na natureza que os deuses se manifestam. Manifestam-se em pedras, árvores, rios, grutas, lagos etc. [...] É um espaço para potências superiores. [...] Além disso, em todas as suas práticas rituais e litúrgicas, essas religiões dependem do mundo natural, dependem dos animais e das plantas. Daí a frase, hoje famosa, dita por uma ialorixá da Bahia: "Sem folha, não há orixá".[79]

A cosmovisão dos povos indígenas nos coloca dentro da natureza, em uma interação absoluta com o Criador e todas as obras da Criação. Entre os grandes pensadores indígenas brasileiros que têm abordado com profundidade a relação espiritual dos povos originários com a natureza, se destacam Davi Kopenawa e Ailton Krenak. Em um de seus livros, Krenak denunciou o que está em jogo quando depredamos o meio ambiente:

> Nós estamos, devagarzinho, desaparecendo com os mundos que nossos ancestrais cultivaram sem todo esse aparato que hoje consideramos indispensável. Os povos que vivem dentro da floresta sentem isso na pele: veem sumir a mata, a abelha, o colibri, as formigas, a flora; veem o ciclo das árvores mudar. Quando alguém sai pra caçar tem que andar dias pra encontrar uma espécie que antes vivia ali, ao redor da aldeia, compartilhando com os humanos aquele lugar. O mundo ao redor deles está sumindo. Quem vive na cidade não experimenta isso com a mesma intensidade porque tudo

---

[79] GIL, Gilberto. Cultura. In: TRIGUEIRO, André (Coord.) *Meio ambiente no século 21*, op. cit, p. 54 e 55.

parece ter uma existência automática: você estende a mão e tem uma padaria, uma farmácia, um supermercado, um hospital. Na floresta não há essa substituição da vida, ela flui, e você, no fluxo, sente a sua pressão.[80]

De volta ao Espiritismo, é interessante observar uma coincidência. Sendo verdade que o Brasil é o país do mundo que reúne o maior número de espíritas, também é verdade que este é o país que também concentra o maior estoque de água doce superficial (bacia do rio Amazonas) ou subterrânea (*aquífero* Guarani),[81] a maior diversidade biológica e a maior disponibilidade de solo fértil. Ser espírita no Brasil e promover a gestão inteligente e sustentável desses preciosos recursos – do ponto de vista ecológico ou moral – constitui um dos nossos grandes desafios deste início de milênio.

A COSMOVISÃO DOS POVOS INDÍGENAS NOS COLOCA DENTRO DA NATUREZA, EM UMA INTERAÇÃO ABSOLUTA COM O CRIADOR E TODAS AS OBRAS DA CRIAÇÃO.

---

[80] KRENAK, Ailton. *A vida não é útil*. São Paulo: Companhia das Letras, 2020. p.98.

[81] O Guarani é um dos maiores aquíferos do mundo e constitui a principal reserva de água subterrânea da América do Sul. Estende-se por uma área de 1,2 milhão de km2 e possui um volume estimado de 46 mil km3. Está inserido na Bacia Geológica Sedimentar do Paraná, localizada no Brasil, Paraguai, Uruguai e Argentina, sendo que cerca de 70% dos afloramentos do aquífero estão em território brasileiro.

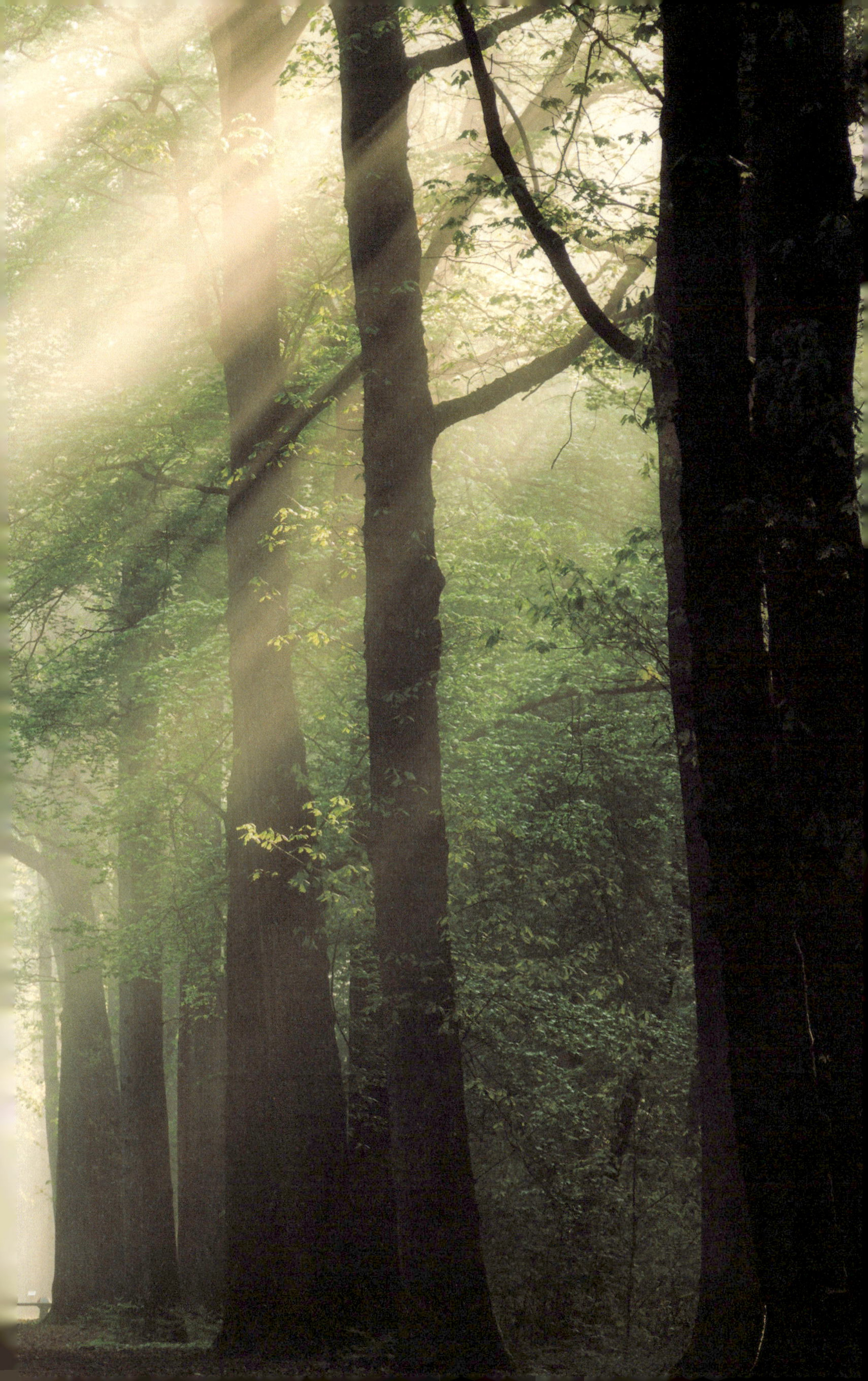

19

UM PLANETA VIVO?

Espíritas e ecologistas reconhecem a Terra como um complexo laboratório de experiências que, ao longo do tempo, tornaram a vida possível. As explicações sobre como esses fenômenos se resolvem diferem, mas, também neste caso, há pontos de convergência.

A idade estimada do planeta Terra é de 4,5 bilhões de anos. É tanto tempo que simplesmente não conseguimos entender com clareza o que isso significa. Para facilitar a nossa compreensão, o ecologista norte-americano David Brower teve a maravilhosa ideia de comparar a idade da Terra ao tempo de uma semana:

> Tomemos os seis dias da semana para representar o que de fato se passou em

cinco bilhões de anos. O nosso planeta nasceu numa segunda-feira, a zero hora. A Terra formou-se na segunda, terça e quarta-feira até o meio-dia. A vida começa quarta-feira ao meio-dia e desenvolve-se em toda sua beleza orgânica durante os quatro dias seguintes. Somente às quatro da tarde de domingo é que os grandes répteis aparecem. Cinco horas mais tarde, às nove da noite, quando as sequoias brotam da terra, os grandes répteis desaparecem.

O homem surge só três minutos antes da meia-noite de domingo. A um quarto de segundo antes da meia-noite, Cristo nasce. A um quadragésimo de segundo antes da meia-noite, inicia-se a Revolução Industrial. Agora é meia-noite, de domingo e estamos rodeados por pessoas que acreditam que aquilo que fazem há um quadragésimo de segundo pode durar indefinidamente.[82]

Brower demonstra de forma clara e objetiva como a espécie humana, apesar de ser uma das últimas formas de vida a se manifestar na Terra, já representa uma ameaça real a si própria, às outras espécies e ao mundo que a acolhe. Um mundo que passou por profundas transformações ao longo de bilhões de anos para que pudesse oferecer as devidas condições físicas, químicas, biológicas e climáticas para que a vida, tal qual a conhecemos hoje, pudesse se manifestar.

Um dos maiores pensadores do nosso tempo, o cientista britânico James Lovelock, concebeu a *Hipótese de Gaia* (agora Teoria de Gaia), segundo a qual a Terra se comportaria como um superorganismo vivo. A primeira evidência disso seria o fato de que a temperatura média do planeta se manteve inalterada nos últimos 3,8 bilhões de anos, apesar de a radiação solar projetada sobre o globo terrestre neste período ter aumentado entre 25% e 30%. Como se deu essa resposta do planeta à onda de calor que nos atingiu sem que a temperatura interna tenha se modificado? Lovelock também observa com algum encantamento a perfeição com que se dá a composição dos elementos que definem a natureza. Isso vale tanto para a taxa de salinidade dos oceanos – algo em torno de 6%, a medida certa para a existência da vida marinha – quanto para o percentual exato de um gás corrosivo e potencialmente inflamável na atmosfera.

> Por que o oxigênio permaneceu em 21% e não subiu mais? Creio que a resposta é o incêndio. A correlação entre abundância de oxigênio e inflamabilidade é muito acentuada.

---

[82] Disponível em: http://www.fortium.com.br/blog/material/natureza.e.cultura.doc. Acesso em: 23 jul. 2009.

Abaixo de 15%, nada queimaria. Acima de 25%, a combustão seria instantânea e haveria incêndios tremendos, que seriam devastadores e destruiriam todas as florestas.[83]

Que forças estariam determinando essa capacidade de o planeta ser do jeito que é? Gaia, a deusa da terra da mitologia grega, inspirou Lovelock a conceber sua teoria: "Chamo Gaia de um sistema fisiológico porque parece dotada do objetivo inconsciente de regular o clima e a química em um estado confortável para a vida".[84]

Ao longo dos anos, Lovelock incorporou à teoria um novo conceito: o de que Gaia também abarcaria os seres vivos que vivem no planeta. Nesse sentido, estabeleceu um caminho diferente daquele preconizado por Darwin:

> Se fosse sabido à época que a vida e o ambiente estão tão conjugados, Darwin teria visto que a evolução não envolve apenas os organismos, mas toda a superfície do planeta. Nós então poderíamos ter enxergado a Terra como um sistema vivo, teríamos sabido que não podemos poluir o ar ou usar a pele da Terra – seus oceanos e sistemas florestais – como uma mera fonte de produtos para nos alimentar e mobiliar nossas casas.[85]

Os espíritas reconhecem os fenômenos inteligentes da Terra observados pelos ecologistas, mas atribuem a eles outras causas. No capítulo 8 de *A gênese*, Allan Kardec diz que "por alma da Terra, pode entender-se, mais racionalmente, a coletividade dos Espíritos incumbidos da elaboração e da direção de seus

---

[83] LOVELOCK, James. *Gaia: cura para um planeta doente*. São Paulo: Cultrix, 2006. p. 114.
[84] _____. *A vingança de Gaia*. Rio de Janeiro: Intrínseca, 2006. p. 27.
[85] _____. _____. Rio de Janeiro: Intrínseca, 2006. p. 27. *Folha de S. Paulo*, São Paulo, 22 jan. 2006. Fonte: http:// www.ecodebate.com.br/2008/07/01a-vinganca-de-gaia-por-james-lovelock-2/. Acesso em: 7 ago. 2009.

elementos constitutivos [...]".[86] Em *A caminho da luz*, o Espírito Emmanuel revela, pela psicografia de Francisco Cândido Xavier, as diferentes etapas evolutivas do planeta e da Humanidade ao longo dos milênios. Informa que Jesus pertence à "comunidade de Espíritos puros e eleitos pelo Senhor Supremo do Universo, em cujas mãos se conservam as rédeas diretoras da vida de todas as coletividades planetárias".[87] No caso específico da Terra, Jesus esteve à frente de "exércitos de trabalhadores devotados" para definir os "regulamentos dos fenômenos físicos", os diferentes cenários da vida, a composição da atmosfera etc.

> Como a engenharia moderna, que constrói um edifício prevendo os menores requisitos de sua finalidade, os artistas da espiritualidade edificavam o mundo das células iniciando, nos dias primevos, a construção das formas organizadas e inteligentes dos séculos porvindouros.[88]

Há uma parte de *O livro dos espíritos* inteiramente consagrada à ação dos Espíritos nos fenômenos da Natureza. Lá informa-se que "Deus não exerce ação direta sobre a matéria. Ele encontra agentes dedicados em todos os graus da escala dos mundos".[89] Esses espíritos "presidem aos fenômenos e os dirigem de acordo com as atribuições que têm. Dia virá em que recebereis a explicação de todos esses fenômenos e os compreendereis melhor".[90]

Carlos Torres Pastorino, mais conhecido como o autor do *best-seller Minutos de sabedoria*, foi um profundo estudioso do

---

[86] KARDEC, Allan. *A gênese*. Trad. Guillon Ribeiro. 53. ed. 9. imp. Brasília: FEB, 2019. it 7.
[87] XAVIER, Francisco C. *A caminho da luz*. Pelo Espírito Emmanuel. 38. ed. 13. imp. Brasília: FEB, 2020. cap. 1 – *A gênese planetária*.
[88] XAVIER, Francisco C. *A caminho da luz*. Pelo Espírito Emmanuel. 38. ed. 13. imp. Brasília: FEB, 2020. cap. 2 – *A vida organizada*.
[89] KARDEC, Allan. *O livro dos espíritos*. Tradução de Guillon Ribeiro. 93. ed. 9. imp. Brasília: FEB, 2019. q. 536
[90] _____. _____. q. 537.

Espiritismo e de assuntos correlatos à Doutrina. No livro *Técnica da mediunidade*, ele dá outras informações sobre essa categoria de espíritos:

> Espíritos elementais, ou dos elementos da Natureza, divididos desde a Antiguidade, de acordo com os elementos: gnomos da terra (os hindus os dizem chefiados por Kchiti); ondinas da água (chefiados por Varuna); silfos do ar (chefiados por Pavana ou Vâyu); e salamandras do fogo (chefiados por Agni). Outros ainda são citados: fadas, duendes, sátiros, faunos, silvanos, elfos, anões etc. Excetuando-se seus chefes e guias, não encarnam como homens, preparando-se para isso por seus contatos com o gênero humano. Embora possuam forças psíquicas, estas não se desenvolveram ainda como "Espíritos" (individualidades) e por isso só possuem (como os animais) o raciocínio concreto, não utilizando ainda a palavra como meio de expressão de seus pensamentos. Manifestam- se muito nas sessões de umbanda e quimbanda, e podem obedecer a ordens de criaturas treinadas (boas ou más), para operar o bem ou o mal, que ainda não distinguem. A responsabilidade, pois, recai toda sobre os que emitem as ordens.[91]

De uma forma ou de outra, espíritas e ecologistas reconhecem a existência de forças que atuam positivamente em defesa do planeta, da manutenção da vida e da biodiversidade.

Reconhecem também as limitações desses agentes e o risco de desmancharmos o tabuleiro sobre o qual esses sistemas se mantêm estruturados. Seja Gaia, ou a ação dos *elementais* sob a tutela de inteligências superiores, esse sistema parece reagir a ameaças hostis, mas isso nem sempre nos favorece como espécie.

---

[91] PASTORINO, Carlos Torres. *Técnica da mediunidade*. 3. ed. 1975. p. 181.

Em última instância, é bom lembrar que o planeta é muito mais resistente do que nós. Na verdade, não é o planeta que precisa ser salvo, mas nós. A Terra é capaz de suportar grandes cataclismos – como já o fez tantas e tantas vezes – e seguir em frente. Nos cenários mais sombrios de devastação – uma hecatombe nuclear, por exemplo –, num ambiente hipoteticamente sem luz solar durante décadas ou séculos, sem água potável, sem ar respirável, ainda assim haveria formas de vida ultra resistentes no mundo microscópico – bactérias, principalmente –, capazes de resistir a tudo isso e reconfigurar a teia da vida nos próximos milênios.

A questão que se coloca diante de nós é se um planeta com esse nível de degradação – até o ponto de continuar existindo, mas sem a presença humana – é o que queremos deixar como legado da nossa passagem aqui. E se não é este o cenário que desejamos: estaríamos fazendo o suficiente para evitar o pior?

> DE UMA FORMA OU DE OUTRA, ESPÍRITAS E ECOLOGISTAS RECONHECEM A EXISTÊNCIA DE FORÇAS QUE ATUAM POSITIVAMENTE EM DEFESA DO PLANETA, DA MANUTENÇÃO DA VIDA E DA BIODIVERSIDADE.

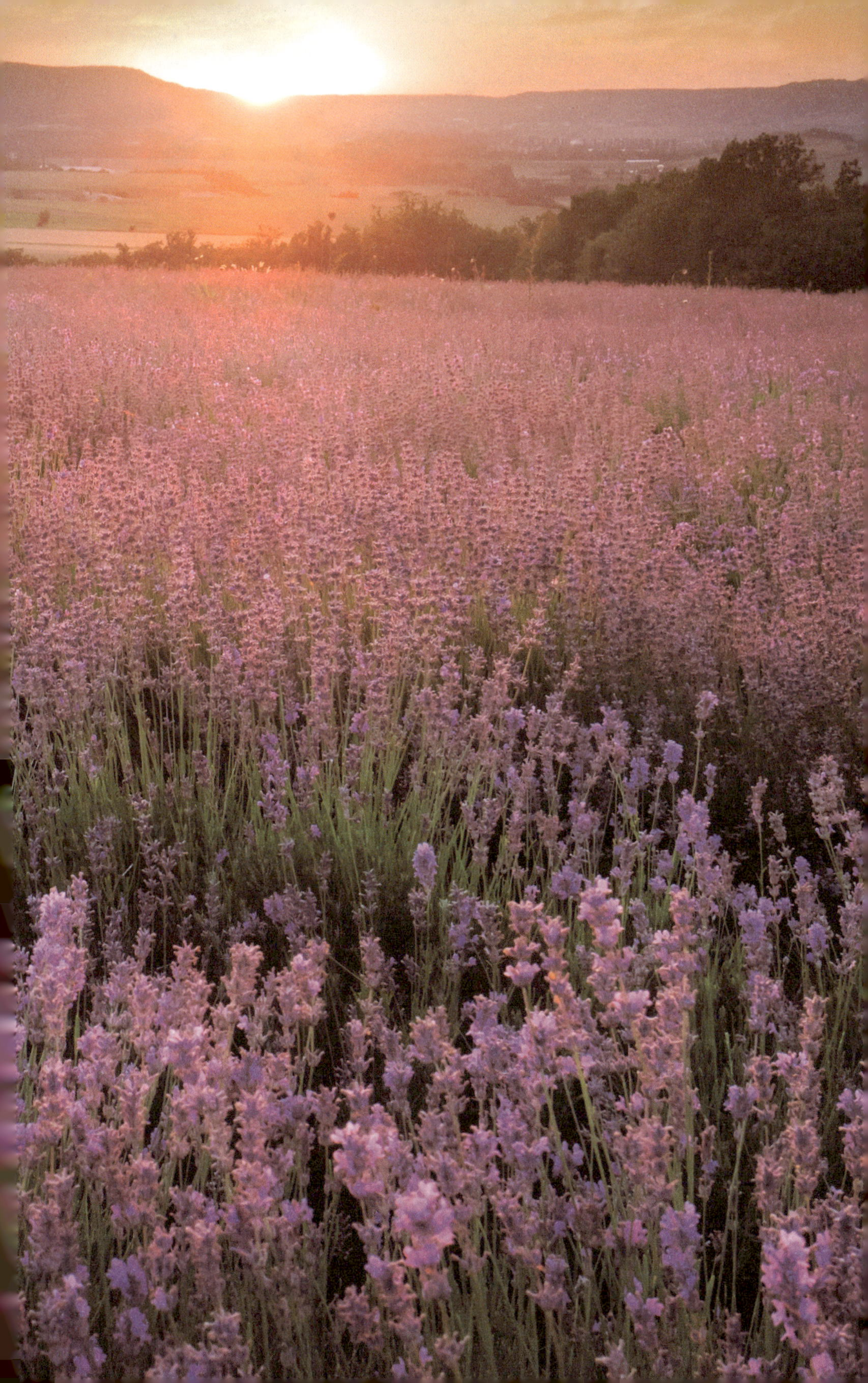

20

O MAIOR DESAFIO AMBIENTAL DO NOSSO TEMPO

Um dia após as celebrações do Natal em 2004, o mundo acompanhava aterrorizado as notícias que chegavam da Indonésia. As primeiras informações davam conta de que uma onda gigante havia varrido do mapa várias cidades do país. Mais tarde se soube que um *tsunami* havia matado 230 mil pessoas, deixando quase dois milhões de desabrigados na Ásia e na África, num fenômeno cujo impacto conseguiu mudar o eixo da Terra. A devastação foi ainda mais violenta nas áreas onde as proteções naturais da orla – *mangues* e vegetação de restinga – haviam sido removidas para dar lugar a resorts e empreendimentos turísticos.

Fenômeno de causa natural – os *tsunamis* são formados a partir do choque das placas tectônicas abaixo do leito submarino – a onda gigante provocou a maior tragédia em número de vítimas desde a Segunda Guerra Mundial. Curiosamente, o incidente também registrou uma onda de solidariedade sem precedentes na história. "Governos, setor privado e pessoas em todo o mundo abriram seus corações e suas carteiras. As doações privadas para as vítimas do tsunami foram um recorde", declarou à época o coordenador de emergências das Nações Unidas, Jan Egeland.[92]

A velocidade com que as informações sobre a catástrofe correram o mundo por meio das mídias, e a criação de redes de solidariedade que se multiplicaram rapidamente na internet – canalizando recursos financeiros, remédios e alimentos para as áreas mais atingidas – surpreenderam organizações acostumadas

---

[92] Disponível em: http://www.msf.org.br/msf-na-midia/84/ajuda-ao-tsunami-foi--a-melhor-ate-hoje-diz-onu/. Acesso em: 13 mai. 2013.

a lidar com situações de emergência, como a Cruz Vermelha e o Crescente Vermelho.

Pode haver várias explicações para esta gigantesca mobilização em favor das vítimas: o apelo emocional das imagens da tragédia, o fato de o *tsunami* ter aparecido um dia depois do Natal – quando o mundo cristão encontra-se mais predisposto ao exercício da caridade –, o empenho oportunista de algumas pessoas físicas ou jurídicas que aproveitam os holofotes da mídia para marcar posição em favor de causas humanitárias etc. Apesar de tudo isso, não seria exagero dizer que a Humanidade descobriu-se capaz de mobilizar poderosas correntes de solidariedade que até então não haviam sido acionadas. E que o interesse legítimo e sincero de ajudar a quem precisa ganhar força exponencial em situações de crise.

O já citado escritor norte-americano Jared Diamond, na parte final de seu livro, se declara otimista em relação aos rumos da Humanidade, porque "somos a causa de nossos problemas ambientais, temos controle sobre eles e podemos escolher ou não parar de causá-los e começar a resolvê-los".[93] E aponta a Arqueologia e a mídia como trunfos das sociedades modernas em relação às do passado. Segundo Diamond, a Arqueologia nos oferece a oportunidade de aprender com os erros de gente distante de nós no espaço e no tempo. Isso se transforma em conhecimento útil e acessível por meio das mídias, que, em situações de crise, replicam instantaneamente informações que podem salvar milhões de vidas ou atenuar o nível de destruição de certos fenômenos.

É sabido que o aquecimento global já vem determinando mudanças importantes no clima, que tendem a se agravar progressivamente se nada for feito. É, reconhecidamente, o mais

---

[93] DIAMOND, Jared. Colapso: como as sociedades escolhem o fracasso ou o sucesso, op. cit., p. 623.

importante problema ambiental do século XXI e, de acordo com os cientistas do *Painel Intergovernamental sobre Mudança do Clima* (*IPCC*), os impactos mais severos alcançarão justamente os mais pobres.

Como informam os mais recentes relatórios do IPCC, eventos extremos como furacões, enchentes e tempestades já ocorrem com mais intensidade e em intervalos de tempo mais curto. O degelo das calotas e dos cumes elevados do planeta, a elevação do nível do mar, a mudança da configuração de importantes ecossistemas como a Amazônia ou as imensas redes de corais submarinos são alguns dos efeitos colaterais da monumental descarga de *gases de efeito estufa* de origem humana na atmosfera, especialmente a queima progressiva de petróleo, carvão e gás, os desflorestamentos e o *manejo* inadequado do solo e do lixo.[94]

Divulgado em julho de 2009, o *State of the Future* 2009 (Estado do Futuro 2009) – um gigantesco relatório de 6.700 páginas produzido por 2.700 especialistas do mundo inteiro, patrocinado por diferentes organizações como Unesco, Fundação Rockfeller, Banco Mundial, e até o Exército dos Estados Unidos – denuncia o risco de um colapso climático com efeitos devastadores sobre a Humanidade:

> O escopo e a escala dos efeitos futuros das mudanças climáticas – de alterações nos padrões climáticos à perda de rebanhos e ao desaparecimento de Estados – têm implicações sem precedentes para a estabilidade social e política.
>
> [...] A boa notícia é que a crise financeira global e as mudanças climáticas podem ajudar a Humanidade a sair de sua tradicional posição adolescente – egoísta e autocentrada – para uma adulta – mais responsável.

---

[94] Disponível em: http://www.ipcc.ch/. Acesso em: 26 jul. 2009.

> Muitos veem o atual desastre econômico como oportunidade para investir em novas gerações de tecnologias verdes, repensar a economia e nossas premissas para o desenvolvimento, e colocar o mundo num caminho para um futuro melhor.[95]

A campanha eleitoral de Joe Biden à presidência dos Estados Unidos em 2020 foi fortemente inspirada em soluções para a crise climática. Ele venceu as eleições prometendo aos eleitores americanos investir US$ 2 trilhões em energias limpas e renováveis, eliminar os subsídios aos combustíveis fósseis, gerar mais de dez milhões de empregos verdes entre outras medidas. Logo nos primeiros dias de governo, Biden promoveu o retorno dos Estados Unidos ao Acordo de Paris. Depois assumiu o compromisso de reduzir as emissões de *gases estufa* do país em 50-52% até 2030 e zerar as emissões até 2050.

O relatório do Painel Intergovernamental de Mudanças Climáticas (IPCC) publicado em 2021 afirma, entre outras informações, que a influência humana sobre o aquecimento global ocorre num ritmo sem precedentes nos últimos 2.000 anos, e que esta é a maior ameaça à existência da Humanidade. O relatório mostra que o aquecimento de 1,5ºC a 2ºC será ultrapassado ainda nas próximas décadas se não houver forte e profunda redução nas emissões de CO^2 e outros gases de efeito estufa.

O enfrentamento deste enorme problema requer senso de urgência e a tomada de decisões eventualmente duras para alguns países que deverão arcar mais fortemente com os custos de uma nova economia de baixo carbono (*low carbon economy*). Para os estudiosos no assunto, simplesmente não temos opção.

Em números absolutos, o contingente de pessoas diretamente afetadas por inundações, tempestades e secas poderá

---

[95] Disponível em: http://www.millennium-project.org/millennium/sof2009.html. Acesso em: 26 jul. 2009.

chegar a 375 milhões. Os relatórios do IPCC da ONU confirmam o risco de se viver num planeta cada vez mais hostil, onde o aquecimento global seja responsável pelo aparecimento de uma nova categoria de refugiados: os refugiados ambientais.

No caso específico do Brasil — que registrou em março de 2004 o aparecimento do primeiro furacão de que se tem notícia no Atlântico Sul[96] — os eventos climáticos extremos têm se manifestado de forma contundente. Dados do Operador Nacional do Sistema Elétrico (ONS) revelam que tem chovido menos em todas as regiões do Brasil, e que o nível da água nos 161 reservatórios espalhados pelo país tem declinado progressivamente, abaixo da média histórica. A forte estiagem, associada a queimadas criminosas, resultou na perda de 57% da área total do Pantanal (entre 1985 e 2020) segundo o MapBiomas. É o *bioma* mais fortemente castigado pelo uso do fogo no país.

Por outro lado, a mudança do ciclo da chuva tornou as tempestades mais violentas e devastadoras. Na cidade de São Paulo, por exemplo, episódios de chuva acima de 100 mm (que tem enorme potencial de destruição) ocorriam uma vez por ano na década de 1960. De acordo com o Cemaden (Centro Nacional de Monitoramento e Alertas de Desastres Naturais) essa média hoje é de 3 a 4 vezes por ano. Em termos globais, segundo o já citado relatório do IPCC, as chuvas fortes já são 0,3 vezes mais frequentes e 6,7% mais intensas.

São números que assustam. Existe algum sentido para isso tudo? Será esse o nosso destino? O *Espiritismo* tem uma interpretação singular para os flagelos destruidores que sempre atingiram a Humanidade. No capítulo 6 de *O livro dos espíritos* que

---

[96] O primeiro furacão registrado no Atlântico Sul recebeu o nome de Catarina. Atingiu, em 27 e 28 de março de 2004, o litoral de Santa Catarina e Rio Grande do Sul, gerando prejuízos de mais de R$ 1 bilhão e afetando mais de 1 milhão de pessoas.

versa sobre a *Lei de Destruição*, há o reconhecimento de que muitos flagelos resultam da imprevidência do homem, mas que o conhecimento e a experiência adquiridos oferecem melhores condições de prevenção. O aprendizado decorrente desses incidentes trágicos aparece bem explicado na questão 740, quando se diz:

> Os flagelos são provas que dão ao homem ocasião de exercitar a sua inteligência, de demonstrar a sua paciência e resignação ante a vontade de Deus e que lhe oferecem ensejo de manifestar seus sentimentos de abnegação, de desinteresse e de amor ao próximo, se não o domina o egoísmo.[97]

Em dezembro de 2015, 195 países assinaram em Paris o Acordo do Clima estabelecendo o compromisso conjunto de manter a temperatura média do planeta abaixo de 2ºC, envidando esforços para limitar essa temperatura 1,5ºC acima da média verificada no período pré-revolução industrial.

Esse é o teto sugerido pela comunidade científica para evitar os piores cenários climáticos ainda neste século. Cada país apresentou voluntariamente seu próprio compromisso – inclusive o Brasil – e, embora a soma das propostas não assegure que o objetivo principal do Acordo seja alcançado, estão previstas revisões periódicas desses compromissos (a cada 5 anos). O Acordo do Clima é hoje a única esperança concreta de que seja possível conter os impactos do aquecimento global.

Apesar de todos os alertas da comunidade científica, os avanços são lentos. Na Conferência do Clima realizada em 2021 na cidade escocesa de Glasgow (COP 26), o acordo final estabeleceu como meta global a redução das emissões de dióxido de carbono em 45% até 2030, na comparação com 2010, e da neutralização das emissões até 2050. Segundo boa parte dos analistas,

---

[97] KARDEC, Allan. *O livro dos espíritos*. Tradução de Guillon Ribeiro. 93. ed. 9. imp. Brasília: FEB, 2019. q. 740.

empurrou-se para frente a realização de compromissos que os atuais dirigentes políticos não estariam dispostos a assumir em prazos menores.

Merece registro a crescente mobilização de diversos setores da sociedade civil, entre os quais empresários comprometidos, lideranças indígenas[98] e do terceiro setor, além de jovens ativistas, tendo à frente a adolescente sueca Greta Thunberg. Novos grupos políticos subnacionais (como governadores e prefeitos articulados em redes) também agem para driblar a morosidade dos governos nacionais.

Há pelo menos dois importantes desafios para nós que atravessamos este momento singular e desafiador da História. Fazer as escolhas certas em favor da vida no seu sentido mais amplo, e lidar de forma criativa com as eventuais impossibilidades do caminho. Transformar problema em solução, crise em oportunidade, é lição de sabedoria que devemos renovar a cada dia. É o que se espera daqueles que, como nós, encontram-se hoje na condição de encarnados, sabendo-se aqui de passagem e reconhecendo que o tempo não volta. Os espíritas dispõem de informações suficientes na Doutrina para se situarem com clareza neste cenário de crise, sem hesitação ou temores. Aprendamos com ela, e responderemos positivamente ao chamado para cuidarmos melhor da nossa casa (*oikos*).

---

[98] Glasgow registrou a maior presença de delegações indígenas de todas as COPs. Representando o Brasil, estiveram presentes 40 lideranças. Txai Suruí, de 24 anos, foi a única brasileira a falar na abertura dessa Cúpula do Clima

21
PANDEMIA E ESPIRITISMO

Pandemia é dor e sofrimento. Não se passa impunemente pela proximidade do risco de morte ou pela perda das pessoas queridas num intervalo de tempo tão curto. Sequelas físicas, psicológicas, emocionais e espirituais afligem multidões, e podem persistir por tempo indeterminado. No Espiritismo, a pandemia é considerada por muitos como um "flagelo destruidor", nos termos em que o assunto aparece descrito no capítulo da Lei de Destruição (questões 737 a 741 de *O livro dos espíritos*). De acordo com esta linha de interpretação, certas catástrofes acelerariam o processo evolutivo da Humanidade através da compaixão, da solidariedade, da união de forças para o enfrentamento de um problema comum. "Os flagelos são provas que dão ao homem ocasião de exercitar a sua inteligência, de demonstrar sua paciência e resignação ante a vontade de Deus e que lhe oferecem ensejo de manifestar seus sentimentos de abnegação, de desinteresse e de amor ao próximo, se não o domina o egoísmo."[99]

    Será que aprendemos algo de útil para nossa evolução espiritual durante a pandemia? Vamos aos fatos. Toda pandemia tem origem em zoonoses (doenças causadas por animais) e, invariavelmente, guarda relação com alguma ação humana que precipita maior rapidez nas mutações virais. Micro-organismos que vivem em animais isolados, refugiados em lugares distantes, podem se aproveitar da chegada do homem para desenvolver novas habilidades de contágio ampliando o leque de hospedeiros.

---

[99] KARDEC, Allan. *O livro dos espíritos*. Tradução de Guillon Ribeiro. 93. ed. 9. imp. Brasília: FEB, 2019. q. 740.

Desmatamento, caça, consumo de animais silvestres são alguns dos gatilhos para o avanço de doenças infecciosas mais ou menos preocupantes. Segundo a Organização Mundial da Saúde (OMS), existem mais de 200 tipos de zoonoses que respondem por 75% das doenças infecciosas emergentes do ser humano.[100] Influenza, gripe espanhola, gripe suína, gripe aviária, Aids, ebola têm essa origem comum. Tudo indica que o mesmo valha para a COVID-19.

No início de 2022, vinte especialistas de diversos países publicaram na revista científica *Science Advances* um plano de ação para guiar tomadores de decisão na prevenção de novas pandemias. São basicamente três medidas: 1) melhoria na vigilância de transmissão de patógenos de animais para humanos; 2) manejo da vida selvagem e combate ao tráfico de animais; 3) redução do desmatamento. De acordo com os pesquisadores, o custo anual dessas medidas (20 bilhões de dólares), seria 20 vezes mais barato que os gastos de enfrentamento da pandemia.[101]

Como se vê, para atenuar os riscos do aparecimento de novas pandemias é preciso reduzir os desmatamentos, equipar laboratórios para o rastreamento de vírus que possam ameaçar a Humanidade, instituir protocolos sanitários rígidos em todos os processos que envolvam contato com animais silvestres e/ou manipulação de suas carnes, vísceras, peles etc. Apesar de toda dor imposta pela maior pandemia do nosso tempo, não me parece que tenhamos avançados suficientemente em nenhum desses setores. O vírus invisível – que não representa nenhuma ameaça a qualquer outra espécie da natureza, exceto a nossa – expôs de forma contundente outros problemas que elevam exponencialmente a nossa vulnerabilidade em cenários de pandemia.

---

[100] Disponível em: https://bvsms.saude.gov.br/06-7-saude-unica-dia-mundial-das-zoonoses. Acesso em: 6 fev. 2022.
[101] Disponível em: https://www1.folha.uol.com.br/amp/ciencia/2022/02/prevencao-de-pandemia-e-20-vezes-mais-barata-do-que-custo-para-enfrentamento.shtml#. Acesso: 12 fev. 2022.

O coronavírus se propagou com maior rapidez em agrupamentos humanos historicamente marginalizados, aglomerados em habitações de qualidade inferior, sem nutrição adequada ou histórico de assistência médica digna. A chaga da desigualdade também foi evidenciada por ocasião do descobrimento das vacinas, que chegaram rapidamente onde havia dinheiro para comprá-las. Como não é possível controlar a pandemia sem um bom nível de cobertura vacinal em escala global, a "desigualdade vacinal" é uma ameaça coletiva. Não seria este um convite explícito à fraternidade, à solidariedade, à caridade entre os povos?

Outra prova – no sentido mais espírita do termo – foi o abalo econômico causado pela pandemia, especialmente antes do início das imunizações. Desemprego, elevação da pobreza e da fome, aumento do número de pessoas em situação de rua determinaram um flagelo social de grandes proporções ainda não totalmente superado. Mas essa crise humanitária também precipitou a multiplicação de gestos comoventes de amor ao próximo, doações de alimentos, remédios e outros itens essenciais. Se a caridade é o lema fundamental dos espíritas, o Brasil se transformou num lugar particularmente interessante de se acelerar o passo em favor da própria "transformação moral e pelos esforços que emprega para dobrar suas inclinações más",[102] como o Codificador descreveu o "verdadeiro espírita".

Cabe aqui mais uma boa reflexão turbinada pela pandemia: se o Espiritismo considera a desigualdade das condições sociais como "obra do homem e não de Deus",[103] que "desaparecerá quando o egoísmo e o orgulho deixarem de predominar",[104] qual o nível de comprometimento dos espíritas para combater

---

[102] KARDEC, Allan. *O evangelho segundo o espiritismo*. Trad. Guillon Ribeiro. Brasília: FEB, 2019. c. 17 — *Amai os vossos inimigos*, it. 4.
[103] _____. _____. *O livro dos espíritos*. Trad. de Guillon Ribeiro. Brasília: FEB, 2019. q. 806.
[104] _____. _____. q. 806a.

verdadeiramente a desigualdade? Essa é uma questão para nós? Vamos dar um exemplo concreto: quando se distribui comida ou agasalho (tarefa nobre e urgente realizada por inúmeras casas espíritas em boa parte do Brasil), certamente que se faz o bem. São expressões de caridade, não há dúvida. Mas, qual o efeito disso sobre a desigualdade? Na economia, desigualdade é a distância que separa os mais ricos dos mais pobres.

O combate frontal à desigualdade exigiria, portanto, uma estratégia diferenciada. Sem prejuízo do assistencialismo, que aplaca as carências mais urgentes, essa luta contra a desigualdade passa impreterivelmente pela educação de qualidade para todos. "A educação, convenientemente entendida, constitui a chave do progresso moral",[105] escreveu Allan Kardec com absoluto conhecimento de causa, sendo ele pseudônimo de um dos maiores pedagogos da França, discípulo de Pestalozzi.[106] Que a doação de alimentos, remédios e agasalhos não invalide os esforços do movimento espírita em favor do eventual custeio de matrículas, mensalidades, materiais escolares, livros, ajuda para transporte e merenda, computadores, planos de banda larga, cursos preparatórios para o Enem etc.

Como se vê, a pandemia ofereceu oportunidades preciosas de avançarmos com maior consciência e celeridade na direção de um projeto evolutivo mais consistente, pragmático e coerente com os princípios da Doutrina Espírita. Não é por falta de diagnóstico que deixaremos de resolver esses e outros problemas. A questão fundamental é: estamos dispostos a fazê-lo?

---

[105] KARDEC, Allan. *O livro dos espíritos*. Trad. de Guillon Ribeiro. Brasília: FEB, 2019. q. 917.
[106] O suíço Johann Heinrich Pestalozzi (1746-1827) foi um dos pioneiros da pedagogia moderna.

DE UMA FORMA OU DE OUTRA, ESPÍRITAS E ECOLOGISTAS RECONHECEM A EXISTÊNCIA DE FORÇAS QUE ATUAM POSITIVAMENTE EM DEFESA DO PLANETA, DA MANUTENÇÃO DA VIDA E DA BIODIVERSIDADE.

22

ECOLOGIA NA OBRA DE CHICO XAVIER

Ao longo de 92 anos de existência, Francisco Candido Xavier testemunhou a mais impressionante transformação já ocorrida na história da Humanidade num intervalo de tempo tão curto. Em 1910, quando Chico nasceu na pequena Pedro Leopoldo (MG), o mundo somava quase 2 bilhões de habitantes que se concentravam no meio rural (a população do Brasil era de apenas 24 milhões de pessoas). Só muito tempo depois surgiriam o movimento ambientalista, uma legislação ambiental e conceitos como "meio ambiente" e "desenvolvimento sustentável".

Desenvolvimento era sinônimo de fumaça. Progresso não combinava com a proteção dos recursos naturais.

Chico foi contemporâneo de um século em que a Humanidade se descobriu ameaçada pela própria Humanidade, com a destruição sistemática dos recursos naturais não renováveis fundamentais a vida. A industrialização acelerada e caótica, a produção monumental de lixo, a contaminação das fontes de água doce e limpa, a destruição de um incontável número de espécies animais e vegetais, a *desertificação* do solo, a transgenia irresponsável se somam a tantos outros efeitos colaterais de um modelo de desenvolvimento que se revelou ameaçador para o bem-estar da própria Humanidade.

Por intermédio da mediunidade de Chico Xavier, os Espíritos André Luiz e Emmanuel – especialmente estes – nos ajudaram a compreender a complexidade do sistema Terra e a necessidade de melhor cuidarmos de nossa casa planetária, muito antes desse modelo de desenvolvimento começar a ser questionado.

Em *A caminho da luz*, publicado em 1939, Emmanuel confirma as diferentes etapas da constituição física do planeta sob os cuidados de uma "Comunidade de Espíritos puros e eleitos pelo Senhor Supremo do Universo", dentre os quais se destaca a figura excelsa de Jesus. A obra revel a como as forças da natureza, assim comumente denominadas, constituíam um imenso laboratório cósmico onde Espíritos de luz determinavam as melhores condições para o aparecimento da vida na Terra.

No programa "Pinga-Fogo", exibido em julho de 1971 na TV Tupi, Chico adverte para o poder que a Humanidade possui para "modificar a criação de Deus", e assevera que "nós nos encontramos no limiar de uma era extraordinária, se nos mostrarmos capacitados coletivamente a recebê-la com a dignidade devida". Era um chamamento a responsabilidade. Não basta mudar a realidade que nos cerca, e preciso fazê-lo com ética, prudência e respeito a vida.

Se a Ecologia nos ensina a enxergar sistemicamente, ou seja, a perceber que todos os fenômenos do Universo são interligados, interdependentes e interagem o tempo inteiro, Chico eternizou este ensinamento em vários textos psicografados. E o caso do livro *Ideal espírita* (1963, ed. CEC), quando o Espírito André Luiz nos lembra dos ensinamentos contidos na simples observação dos fenômenos naturais. "Retiremos dos cenários naturais as lições indispensáveis a vida. Somos interdependentes. Não viveremos em paz sem construir a paz dos outros."

Hoje sabemos – e os exemplos saltam aos olhos em várias partes do mundo –que a escassez de recursos naturais precipita cenários de disputas, conflitos e guerras. Não por outra razão, em duas oportunidades distintas o Prêmio Nobel da Paz foi conferido a ambientalistas ou instituições comprometidas com o meio ambiente: em 2004 para a queniana Wangari Maathai e em 2007 para o ex-vice-presidente dos EUA, Al Gore, juntamente com o IPCC (Painel Intergovernamental de Mudanças Climáticas da GNU).

Chico praticava o uso sustentável dos recursos naturais·muito antes do "ecologicamente correto" ganhar prestígio. Nos tempos difíceis de Pedro Leopoldo, "Chico preenchia as páginas em branco com textos assinados por seu guia, passava a limpo os originais, datilografava tudo na máquina emprestada pelo patrão e apagava o que tinha sido escrito a lápis para reaproveitar o papel", como informa um de seus biógrafos, Marcel Souto Maior.

Era na Natureza que o jovem médium buscava a trégua necessária para as muitas atribuições do dia a dia. E foi justamente no seu refúgio natural – o açude de Pedro Leopoldo – onde se deu o primeiro encontro com seu guia e mentor espiritual, Emmanuel.

Décadas depois, já em Uberaba (MG), instituiu as reuniões doutrinárias a sombra de um abacateiro, sempre aos sábados, as duas da tarde. Livre dos formalismos que tanto o incomodavam, Chico buscava debaixo da árvore frondosa o ambiente propicio para reuniões mais alegres e descontraídas, junto a multidão sedenta de atenção e amparo.

Também em Uberaba, Chico cuidava com especial desvelo de sua roseira. Para ele, não eram apenas flores, mas um autêntico cinturão balsâmico de que a Espiritualidade se utilizava para diversos trabalhos de cura e revitalização dos frequentadores da instituição. Chico conversava com as flores, orava por elas e as exibia com orgulho paterno para seus visitantes.

Lorde, Dom Negrito e Brinquinho foram alguns dos cachorros que mereceram atenção especial de Chico Xavier. Não eram apenas animais de estimação, mas autênticos companheiros de jornada que entretinham o médium nos momentos difíceis, lhe alegravam a alma e desfrutavam do amor e do respeito que Chico lhes dispensava. Tinham permissão até para acompanhar as reuniões públicas, o que causava certo desconforto em alguns visitantes incomodados com o prestígio dos bichos junto ao dono da casa.

O grande médium brasileiro inspirava-se na Natureza para expressar lições de sabedoria e amor:

> Não me sinto insubstituível. Não passo de grama que cresce no chão; quando a grama morre, nasce outra em seu lugar.
>
> Nenhuma atividade no bem e insignificante. As mais altas árvores são oriundas de minúsculas sementes.[107]

Certa vez, ao se esquivar mais uma vez de elogios que lhe eram dirigidos, Chico respondeu da seguinte maneira:

> – Não me elogie assim. É desconcertante. Não passo de um verme no mundo.

No mesmo instante, ouviu a voz de Emmanuel:

> – Não insulte o verme. Ele funciona ativo; na transmutação dos detritos da terra, com extrema fidelidade ao papel de humilde e valioso servidor da Natureza. Ainda nos falta muito para sermos fiéis a Deus em nossa missão.

Daí em diante, Chico preferiu se definir, de vez em quando, como subverme.[108]

O legado de Chico Xavier para a melhor compreensão de nossas relações com o meio ambiente – tanto no plano material

---

[107] BACELLI, Carlos A. *O evangelho de Chico Xavier*. Votuporanga (SP): Didier. Cap. 215 e 97, respectivamente.
[108] MAIOR, Marcel Souto. *As vidas de Chico Xavier*. 2. ed. rev. e ampl. São Paulo: Planeta do Brasil, 2003. p. 70-71.

como no campo sutil – está longe de ser totalmente compreendido. A obra deste grande médium nos descortina novos e amplos horizontes de investigação, que poderão inspirar no futuro outros rumos para as ciências ambientais. Desde já, entretanto, Chico nos inspira uma nova atitude em favor da vida, dos demais seres viventes e de nossa casa planetária.

SE A ECOLOGIA NOS ENSINA A ENXERGAR SISTEMICAMENTE, OU SEJA, A PERCEBER QUE TODOS OS FENÔMENOS DO UNIVERSO SÃO INTERLIGADOS, INTERDEPENDENTES E INTERAGEM O TEMPO INTEIRO, CHICO ETERNIZOU ESTE ENSINAMENTO EM VÁRIOS TEXTOS PSICOGRAFADOS.

23

MENSAGEM INÉDITA DE EMMANUEL

O respeitado pesquisador e documentarista espírita Oceano Vieira de Melo nos ofereceu gentilmente a mensagem inédita de Emmanuel, psicografada por Francisco Candido Xavier, que aparece publicada pela primeira vez nesta edição. Oceano nos revelou que obteve da família de Clóvis Tavares – um dos amigos mais próximos de Chico – permissão para investigar as gravações contidas em nove fitas de rolo gravadas nos anos 1950.

Clóvis gravava com sua própria voz mensagens inéditas enviadas de Pedro Leopoldo por Chico Xavier. Embora não esteja claramente datada, estima-se que a mensagem tenha sido psicografada entre 1954 e 1956. É o próprio Oceano, em mensagem enviada ao autor do presente livro, quem explica a história desta descoberta: "A família de Clóvis Tavares, reconhecendo o nosso trabalho de restauração e preservação em audiovisual de tudo o que for relacionado a Chico Xavier, nos entregou uma caixa contendo nove fitas de rolo, nas quais Clóvis Tavares, fundador da Escola Jesus Cristo de Campos, no norte fluminense, que tinha um gravador de rolo – uma novidade na época – gravava as leituras de mensagens inéditas vindas de Pedro Leopoldo por Chico Xavier. Clóvis as lia antes de suas preces que antecediam as palestras. Emocionei-me ao ouvir o grande Clóvis Tavares lendo essa mensagem. Ele foi o maior amigo de Chico Xavier. Foi também seu biógrafo e o que transmitiu mais emoção ao retratar a humilde família do médium espírita. (*Trinta anos com Chico Xavier e Amor e sabedoria de Emmanuel*, IDE). Ao pesquisar onde essa mensagem teria sido publicada, a surpresa:

era inédita, pois não encontrei em nenhum livro de Emmanuel ou no *Reformador* a partir de 1953".

REPARA A NATUREZA[109]

Repara a Natureza que te cerca no mundo.

Tudo é riqueza e esforço laborioso par assegurá-la.

O solo ferido pelo arado é berro milagroso da produção.

A árvore mil vezes dilacerada orgulha-se de sofrer e ajudar sempre mais.

A fonte, superando os montões dos seixos, pouco a pouco se transforma em grande rio a caminho do mar.

Algumas sementes formam a base de preciosa floresta.

Pedras agressivas se convertem nas obras-primas da estatuária, quando não vertem do seio a faiscante beleza do material de ourivesaria.

Animais humildes, padecendo e ajudando, garantem o conforto das criaturas contra a intempérie ou alimentam-lhes o corpo, sustentando-lhes a existência.

A pobreza é simples apanágio do homem.

Do homem enquanto se refugia, desassisado na furna da ignorância.

Somente a alma humana distanciada do conhecimento superior assemelha-se a um fantasma de angústia, de miséria, de lamentação.

Se podes, assim, observar o patrimônio das bênçãos celestiais, no caminho em que evoluis, procura o teu lugar de trabalho e serve infatigavelmente ao Bem, para que o Bem

---

[109] De Emmanuel/Chico Xavier — *Pedro Leopoldo (MG), 1953(?)*.

te ensine a ver a fortuna imperecível que o Pai te concedeu por sublime herança.

Serve aos semelhantes, ajuda a planta e socorre o animal.

Seja a tua viagem por onde passes um cântico de auxílio e bondade, de harmonia e entendimento.

E, à medida que avançares na senda de elevação, encontrar-te-ás cada vez mais rico de amor, encerrando no próprio peito o tesouro intransferível da luz que te coroará de felicidade inextinguível nos cimos da glória eterna.

EMMANUEL

24

ANTROPOCENO E ECOCÍDIO

Um dos poucos consensos da comunidade científica atual – um dos raríssimos pontos de absoluta concordância e sinergia de diferentes correntes da ciência hoje – é que nós experimentamos uma crise ambiental sem precedentes na história da Humanidade. Essa crise é causada pelo ser humano – a espécie líder, topo da cadeia evolutiva, feita, segundo as Escrituras, à imagem e semelhança de Deus.

Essa crise é resultado, portanto, de nossos hábitos, comportamentos, estilos de vida e padrões de consumo. Essa crise tem a nossa digital, tem o nosso DNA. Portanto, resolvê-la implica em uma mudança profunda de cultura.

A Terra, essa velha senhora de quase 5 bilhões de anos – Gaia, na mitologia grega – já registrou pelo menos cinco grandes extinções em massa causadas por cataclismos naturais. Hoje, verifica-se a sexta grande onda de extinção em massa, que não é provocada por nenhum fenômeno natural: nós somos os responsáveis diretos por isso.

Em apenas 40 anos, nós levamos à extinção mais da metade dos animais selvagens desse planeta. A cada ano, destruímos uma área verde equivalente a 5 milhões de campos de futebol.

Essa crise ambiental, obviamente, também gera grandes impactos sobre nossa qualidade de vida, nossa saúde, longevidade e bem-estar. Em agosto de 2016, na África do Sul, em um congresso internacional de geólogos, foi dada a largada para um protocolo de investigação que pretende checar se, de fato, teríamos ingressado oficialmente em uma nova era geológica denominada

"Antropoceno", caracterizada pela brutal intervenção da nossa espécie nos sistemas naturais do planeta.

Alteramos de tal maneira o clima, a biodiversidade, a configuração dos oceanos, a disponibilidade de espécies animais e vegetais, e produzimos tanto lixo, entre outros fatores de desequilíbrio ambiental, que não seria mais possível explicar o planeta sem os impactos gerados por nós.

Além de "Antropoceno", ecocídio é outro termo importante, que todos devemos conhecer. Uma das definições possíveis alude à responsabilidade coletiva que temos pela destruição do planeta. Apesar dos relatórios científicos que reportam o risco de um colapso, de uma ruptura na capacidade de os ecossistemas proverem a Humanidade daquilo que retiramos sistematicamente do meio ambiente, muitos de nós continuamos dando preferência ao consumo desenfreado, desperdiçando água e energia, descartando grandes volumes de lixo sem *reciclagem* ou reaproveitamento, emitindo gases estufa em deslocamentos eventualmente desnecessários em veículos automotores etc. Tudo isso, apesar dos inúmeros alertas, relatórios e diagnósticos...

Quando isso acontece, realizamos conscientemente uma escolha que não é em favor da manutenção da vida em equilíbrio nesse planeta. Somos cúmplices do ecocídio.

Lembremo-nos do exemplo do elevador: é como se, na estrutura projetada para transportar com segurança 10 passageiros, entrassem 11 ou 12. Quando se desrespeita o cálculo do engenheiro projetista, eleva-se o desgaste das peças, a entropia, o risco de um colapso estrutural.

Os espíritas têm, portanto, motivos para prestar mais atenção no tempo que passa. Se experimentamos um período de transição, convém não desperdiçar tempo e energia, porque esta seria uma encarnação chave para resolvermos nossas pendências evolutivas. É uma nova chance para acumularmos experiências positivas, elevando a nossa vibração, aumentando, assim, as chances de prosseguirmos nesse planeta — em sintonia com a nova frequência do orbe — já na condição de mundo de regeneração.

A bem dizer, a atual encarnação é o nosso "vestibular" ou "Enem espiritual". Para nós, espíritas encarnados, é hora de provar aqui, em plena transição planetária (imersos em um ambiente de turbulência, intolerância, racismo, xenofobia, sexismo etc.) os nossos valores espirituais. E isso vale para com o cuidado com a nossa casa planetária.

Uma pessoa que joga lixo na rua, por exemplo, não percebe que a rua é parte de algo maior que nos acolhe. É possível que em um mundo de provas e expiações, muitos entendam que a rua é lugar de ninguém. No mundo de regeneração, entretanto, a rua é lugar de todos. A casa planetária é nossa e prestaremos contas do que fizermos com ela.

Cabe aqui uma analogia com a Lei do Inquilinato, que estabelece regras claras para quem vai alugar um imóvel. A obrigação do inquilino é devolver o imóvel ao proprietário, no mínimo, nas mesmas condições em que se apropriou do espaço.

A "lei do inquilinato planetário" "pacote de missões" enquanto encarnados. E poderia ser resumida na seguinte questão: em que condições devolveste o planeta, que não te pertence? Que fizeste pela casa planetária que te abrigou com tanto amor? Este planeta está pronto para nos oferecer a vida em plenitude. Nós, entretanto, estamos malbaratando a casa em que vivemos sem que sejamos sequer os proprietários do "imóvel".

25

O MEIO AMBIENTE NO MUNDO DE REGENERAÇÃO

É possível que muitos espíritas se sintam confortados com a informação de que o mundo de regeneração está a caminho, e que, por essa razão, tudo o que parece hoje difícil de se resolver, se resolverá mais à frente. Isso incluiria também a crise ambiental sem precedentes que nos alcança hoje.

Será que basta a chegada do mundo de regeneração para que os graves problemas ambientais de hoje se resolvam, como num passe de mágica? Vale reler Santo Agostinho, em *O evangelho segundo o espiritismo*, quando explica o conceito de mundo de regeneração. Diz ele que será um mundo melhor do ponto de vista ético e moral, ainda com problemas, mas lidando com outra categoria de problemas.

Mas não há uma informação sequer (nem em Santo Agostinho, nem nas obras básicas, nem em outras consideradas referenciais na doutrina) que explique o que será o mundo de regeneração do ponto de vista ambiental, qual será o estado químico, físico, biológico deste planeta "regenerado". O que isso significa?

Do ponto de vista ambiental, o mundo de regeneração será o que nós deixarmos desde já como legado, porque o livre arbítrio é soberano. Se continuarmos agravando a escassez de água doce e limpa, a mudança climática, a geração imprópria de resíduos de todos os gêneros, a destruição da biodiversidade, a transgenia irresponsável, o uso irresponsável de *agrotóxico*, colheremos os resultados das nossas escolhas.

Chico Xavier disse com muita propriedade que "nos encontramos no limiar de uma era extraordinária, 'se' nos mostrarmos capacitados coletivamente a recebê-la com a dignidade devida". Na frase de Chico, a palavra "se" nos revela uma condição que precisa ser respeitada para que as coisas aconteçam da maneira desejada.

O Brasil é o único país do mundo que tem nome de árvore, que concentra aproximadamente 20% de todas as espécies vivas catalogadas, que detém o maior estoque de água doce e limpa superficial de rio ou subterrânea, a maior quantidade de terra fértil para o plantio (sem precisar retirar uma árvore sequer), que possui a maior floresta tropical úmida do mundo. Existem espécies que só ocorrem na Amazônia, no Sertão nordestino, no Cerrado brasileiro, na Mata Atlântica, nos Pampas gaúchos. São espécies endêmicas que só ocorrem nesses lugares.

Curiosamente — ou caprichosamente — é nesse país, que é campeão mundial de vida, que se concentra a maior nação espírita do mundo. Alguém poderá atribuir isso ao acaso. Outros poderão entender que o destino colocou sobre os brasileiros a responsabilidade de cuidar desse imenso *capital natural* que haverá de suportar o mundo de regeneração.

Mãos à obra porque o tempo urge, o planeta é um só e os recursos são finitos. Sabendo usar, não vai faltar. Precisamos, portanto, ter a coragem de fazer mais e melhor. Só depende de nós.

MÃOS À OBRA PORQUE O TEMPO URGE, O PLANETA É UM SÓ E OS RECURSOS SÃO FINITOS. SABENDO USAR, NÃO VAI FALTAR. PRECISAMOS, PORTANTO, TER A CORAGEM DE FAZER MAIS E MELHOR. SÓ DEPENDE DE NÓS.

26
ENQUANTO ISSO, NOS CENTROS ESPÍRITAS...

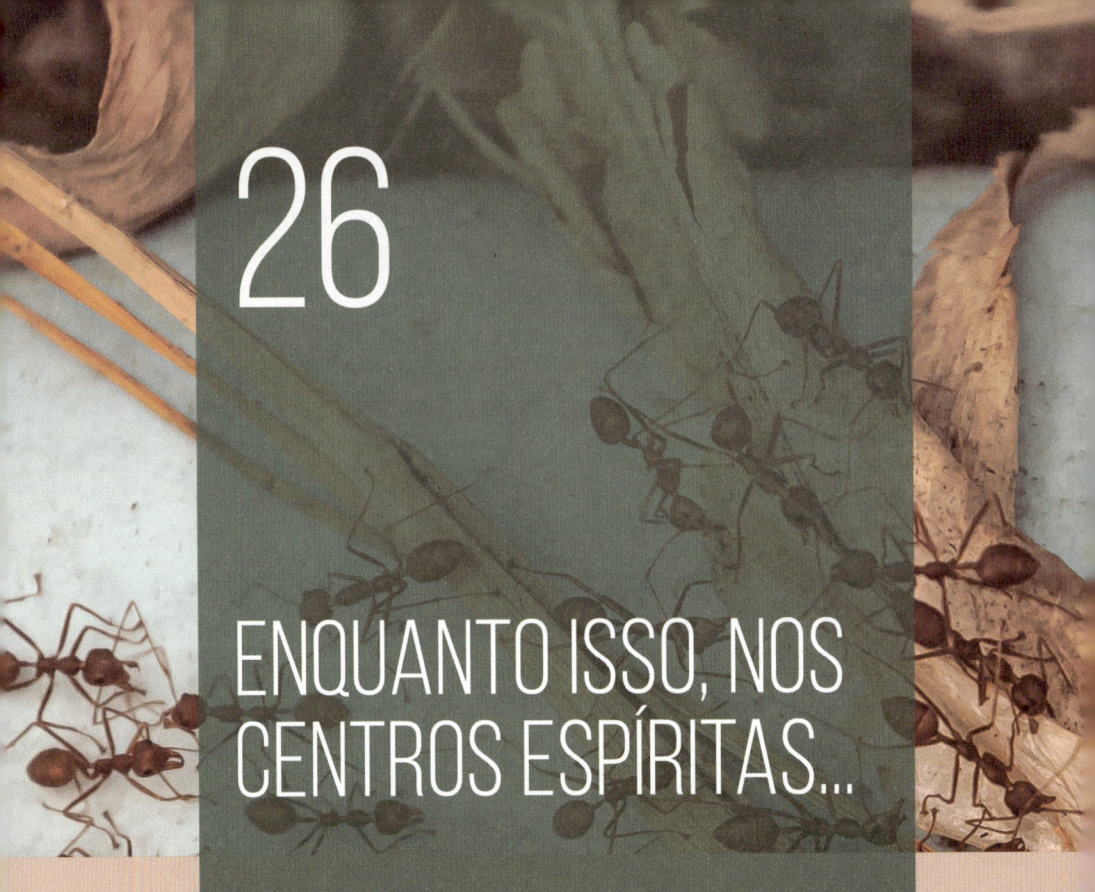

Centros espíritas são instituições de acolhimento e fraternidade, onde se estuda a Doutrina dos Espíritos, se pratica a mediunidade e a caridade. Sem prejuízo de sua atividade-fim, cada centro espírita poderia realizar ações efetivas em favor da sustentabilidade, em benefício da coletividade e do planeta. Elencaremos aqui algumas sugestões – reconhecendo desde já as singularidades inerentes a cada casa – que poderão eventualmente inspirar novas atitudes em favor do uso inteligente dos recursos. Além de mudanças comportamentais – tão necessárias e urgentes no momento atual – essas *ecodicas* poderão, eventualmente, promover uma reflexão que leve a um maior engajamento e participação coletiva nos diferentes espaços em que cada pessoa transita: casa, trabalho, condomínios, clubes, escolas, universidades, associações de bairro etc. Somente uma profunda mudança nesses dois planos da vida – o individual e o coletivo – permitirá que alcancemos a utopia de vivermos num mundo melhor e mais justo, um mundo sustentável.

EFICIÊNCIA ENERGÉTICA

Instituição espírita comprometida com a sustentabilidade capricha no consumo consciente de energia. Lâmpadas fluorescentes chegam a economizar 80% mais do que as lâmpadas convencionais. São mais caras, mas duram mais e pesam menos na conta de luz. Sendo necessário adquirir um novo eletrodoméstico (geladeira, ar-condicionado etc.), é muito importante verificar se o equipamento possui o selo Procel letra A, que confirma o baixo consumo de energia. É recomendável que se dispense o recurso *stand by* de certos aparelhos quando não estiverem em uso. Aquela luzinha vermelha pequenina, quando acesa, é um sinal de que o aparelho, mesmo desligado, está pronto para entrar em ação desde que o usuário aperte um botão. O problema é que apenas o sistema *stand by* pode consumir até 15% da energia elétrica utilizada em uma residência. Uma possível solução seria a instalação de um filtro de linha em que as tomadas desses aparelhos estejam conectadas e, após o uso, todos sejam desligados ao mesmo tempo da rede elétrica apertando-se apenas um botão. Acompanhar a evolução dos gastos com energia, verificando o consumo mês a mês, também ajuda a identificar eventuais "vazadouros" de energia que oneram a instituição.

Quanto maior a entrada de luz natural, menor o consumo de energia com lâmpadas. O mesmo ocorre em relação à ventilação natural, que permite o conforto térmico sem o uso de ventiladores ou refrigeradores de ar.

LINKS ÚTEIS:

www.inee.org.br – Há muitas informações interessantes no site do Instituto Nacional de Eficiência Energética.

https://www.epe.gov.br/pt/abcdenergia/eficiencia-energetica

COLETORES SOLARES

Onde houver demanda regular por água quente e uso de chuveiro elétrico, recomenda-se a instalação de coletores solares. Estima-se que em comunidades de baixa renda o uso regular de chuveiros elétricos responda por até 30% do valor bruto da conta de luz. Em um país que registra 280 dias de sol por ano, a instalação de equipamentos que absorvem a radiação solar para o aquecimento da água é uma medida inteligente.

É importante que se providencie a instalação de outra fonte de energia – pode ser o próprio chuveiro elétrico, um boiler ou um sistema de aquecimento a gás – para assegurar o fornecimento de água quente em períodos de muita nebulosidade ou longas temporadas de chuva. Pode-se adquirir no mercado equipamentos para este fim ou construir o próprio coletor com materiais recicláveis ou acessórios de baixo custo.

LINKS ÚTEIS:

www.sociedadedosol.org.br – Organização que ensina a construir aquecedores solares de baixo custo. Oferece cursos e disponibiliza manuais.

www.ebanataw.com.br/4430/clubes/spsantana/p20041127.php – Reúne todas as informações necessárias para a construção de um coletor solar usando materiais recicláveis.

TELHADOS ECOLÓGICOS

Existem opções inteligentes de telhado que promovem conforto térmico e ajudam a reduzir o consumo de energia. Pintar o telhado de branco com tinta branca reflexiva, por exemplo, é uma medida simples que ajuda a reduzir o aquecimento global e a temperatura interna da construção. Outra possibilidade é o telhado verde, composto de placas com vegetação que absorvem o calor, drenam a água da chuva e emprestam graça e beleza à construção. Pode-se ainda instalar telhas feitas da *reciclagem* de caixas de leite longa vida, que são mais resistentes e duradouras do que as telhas convencionais, como as de amianto, por exemplo, que já foram banidas em boa parte do Brasil e do mundo por oferecerem risco à saúde.

LINKS ÚTEIS:

www.ecotelhado.com.br – Veja como é possível instalar um telhado coberto de vegetação, de forma segura e eficiente.

www.recicoleta.com.br – Saiba como trocar embalagens usadas de leite longa vida por telhas feitas deste material reciclado, ou onde comprar este tipo de telha.

https://sustentarqui.com.br/vantagens-do-telhado-branco – Conheça 5 vantagens do telhado branco.

BIODIGESTORES

Em lugares mais distantes, onde não houver conexão com redes de esgoto – mais da metade dos esgotos produzidos no país não recebem nenhum tipo de tratamento, contaminam as águas e espalham doenças – o biodigestor pode ser uma boa opção. Amplamente utilizado na China, essa tecnologia de baixo custo trata os esgotos e transforma a matéria orgânica em biogás. O esgoto deve ser canalizado para uma cisterna fechada – devidamente projetada por um técnico, que deve calcular a vazão média e o tempo de retenção do esgoto no sistema – onde a depuração se dá pelo trabalho incessante de diversas colônias de bactérias presentes em nosso intestino e que permanecem vivas e famintas num ambiente sem oxigênio (anaeróbio). Os nutrientes presentes na matéria orgânica são digeridos pelas bactérias, que em 48 horas reduzem em até 80% o volume de esgoto. O resultado do "banquete" é o CH_4, metano, um gás inflamável que pode ser usado na cozinha, reduzindo o consumo de gás natural ou de botijão.

A simples queima do gás metano gera um benefício ambiental importante, porque o CH_4 é 21 vezes mais danoso para a atmosfera do que o CO_2 (dióxido de carbono). A queima transforma o CH_4 em CO_2, o que reduz a pressão sobre o aquecimento global. Enquanto o gás é queimado, o efluente (águas residuais do esgoto tratado) passa por um filtro, antes de ser devolvido à rede com nível de pureza de aproximadamente 90%, sem uso de energia ou produtos químicos. Petrópolis (RJ) é a capital brasileira dos biodigestores, com equipamentos instalados em diferentes comunidades com recursos públicos e privados.

LINK ÚTIL:

www.oia.org.br – O Instituto Ambiental desenvolveu em Petrópolis projetos para a instalação de biodigestores em diferentes pontos da cidade com apoio do Poder Público (Prefeitura local e Governo do Estado) e da iniciativa privada (Companhia Águas do Imperador).

COLETA DE ÁGUA DE CHUVA

A coleta de água da chuva para fins não nobres (lavagem de pisos e janelas, descarga de vasos sanitários, rega de jardim, brigada de incêndio etc.) permite uma significativa economia na conta de água tratada e, portanto, mais recursos financeiros para a instituição. Em boa parte do país, a elevação da tarifa da água potável nos últimos anos tem sido superior à variação média da inflação, e a tendência é que isso continue acontecendo. Nesse sentido, reduzir o consumo de água potável – tratada, clorada, com flúor, transparente e inodora –, usando-a apenas para beber, tomar banho e cozinhar, parece ser uma medida de grande alcance econômico e ambiental no longo prazo. Recomenda-se também a substituição de válvulas de descarga por caixas acopladas e o uso de equipamentos econômicos em torneiras e chuveiros. Tolerância zero com vazamentos, infiltrações e pinga-pingas.

É incrível que tanta gente ainda use água potável – um recurso cada vez mais raro, escasso e caro – para intermináveis lavagens de pisos, calçadas ou automóveis, de forma descuidada e displicente. Em cidades como São Paulo, Rio de Janeiro e Curitiba já existem legislações específicas para a coleta de água de chuva com o objetivo de facilitar a drenagem (o escoamento dessa água que se acumula com facilidade nas ruas da cidade) em dias de temporal. Portanto, quem possui reservatórios para água de chuva também colabora para a prevenção de enchentes. A título de exemplo, no Rio de Janeiro, o Estádio Olímpico João Havelange (Engenhão) e a Cidade do Samba utilizam regularmente água de chuva para múltiplos usos.

LINK ÚTIL:
www.abcmac.org.br – Associação Brasileira de Manejo e Captação de Água de Chuva

CONSTRUÇÕES SUSTENTÁVEIS

A construção civil é o setor da economia que mais impacta o meio ambiente. Quando se tem o privilégio de erguer uma nova casa espírita, construindo-se na planta uma nova edificação, abre-se uma excelente oportunidade de planejar cada detalhe da obra segundo os preceitos da construção sustentável. Captação de água de chuva, coletores solares, instalação de biodigestores, espaço adequado para a separação dos materiais recicláveis, iluminação e ventilação naturais, todas as intervenções possíveis que reduzam a longo prazo os custos de manutenção em favor do uso sustentável dos recursos são bem-vindas. Se eventualmente as intervenções em favor da construção sustentável determinarem a elevação do custo da obra, é preciso dizer que essa diferença será amortizada em pouco tempo (na maioria das vezes, em até três anos) pela economia gerada a partir dessas modificações no projeto.

LINKS ÚTEIS:

www.cbcs.org.br – O Conselho Brasileiro de Construção Sustentável milita em favor do uso inteligente dos recursos naturais na construção civil.

www.gbcbrasil.org.br – *O Green Building Council Brasil* organiza a certificação de edifícios que seguem as premissas do *selo verde*.

COLETA SELETIVA DE LIXO

De todas as medidas em favor do meio ambiente, a *coleta seletiva* parece ser a de mais fácil aplicação. A separação do chamado lixo seco – papel, papelão, vidros, materiais ferrosos, plásticos – demanda espaço para o armazenamento, até que a prefeitura local (quando devidamente estruturada para a coleta seletiva) ou cooperativas de catadores possam buscar tudo o que foi separado. Dependendo do volume separado, algumas instituições podem até comercializar os recicláveis, gerando receitas extras – embora tímidas – para a instituição.

Há como descobrir na internet quem trabalha com materiais recicláveis perto da instituição espírita (ver links). No caso dos papéis – usados com fartura em muitas casas espíritas –, recomenda-se usar frente e verso antes do descarte. O mesmo cuidado se deve ter para com os livros velhos. Vale a pena investir na proteção das capas e na recuperação dos livros antigos das bibliotecas.

Estima-se que 51,5% dos municípios brasileiros destinem seus resíduos para vazadouros de lixo a céu aberto, o popular *lixão*. A separação de materiais recicláveis reduz a demanda de matéria-prima e energia, gera emprego e renda e diminui exponencialmente a necessidade de espaço nos depósitos de lixo. Aproximadamente metade de todos os *resíduos sólidos* urbanos são de recicláveis. Nas instituições espíritas onde haja canteiros e jardins, é possível até reaproveitar parte do lixo orgânico (principalmente restos de comida) para a produção de adubo de excelente qualidade, sem custos.

LINKS ÚTEIS:

www.cempre.org.br – Com sede em São Paulo, o Compromisso Empresarial para a Reciclagem (CEMPRE) disponibiliza no site da organização o Mapa da Reciclagem no Brasil. Por ele é possível localizar os sucateiros, recicladores e cooperativas de catadores mais próximos da sua casa ou da instituição que frequenta.

www.recicloteca.org.br – A Recicloteca funciona no Rio de Janeiro e também disponibiliza ferramentas virtuais para a localização de serviços de coleta de recicláveis em todo o Brasil.

www.ecycle.com.br/tipos-de-composteira/amp - Conheça diferentes tipos de compostura doméstica para casa ou apartamento, com ou sem minhocas

COPOS PLÁSTICOS DA ÁGUA FLUIDIFICADA

Quanto maior o centro espírita, maior a demanda por copinhos plásticos para o fornecimento de água fluidificada. Trata-se de uma embalagem de baixo custo e muito prática para esse fim, embora os plásticos descartáveis sejam um gênero de lixo que devemos evitar. Se, no entanto, tiverem de ser usados, procurar um tipo de plástico que seja visto como atraente, mesmo que minimamente, no mercado de reciclagem. As alternativas ao plástico precisam ser estudadas com cuidado. Usar copos de vidro – ou lavar os copos plásticos usados – implica um aumento considerável do uso de água potável, o que também não pode ser visto como solução. A aquisição de copos pequenos feitos de papel ou de papelão – mais atraentes no mercado de reciclagem – costuma custar mais caro, onerando a instituição. Pedir para que cada frequentador leve sua própria caneca ou copinho pode ser conveniente em centros pequenos, mas nas instituições maiores poderia gerar algum desconforto. Enfim, está aí um bom assunto para que cada instituição defina livremente se há algo que possa ser feito, e de que jeito.

COLETA DE ÓLEO DE COZINHA

Dependendo da instituição espírita, há bastante movimento na cozinha e um expressivo derrame de óleo de fritura pelo ralo, agravando o entupimento das tubulações e a poluição dos rios. O Brasil produz aproximadamente 9 bilhões de litros de óleo de cozinha por ano e, na maioria absoluta dos casos, não separa esse óleo residual para reciclagem. Estima-se que apenas 2,5% de todo esse óleo é reciclado e reutilizado na cadeia produtiva como matéria-prima para a fabricação de sabão, massa de vidraceiro e biodiesel. Em algumas cidades brasileiras já existem serviços de coleta do óleo de fritura. São empresas que trocam o óleo por dinheiro ou produtos de limpeza. Quanto maior a quantidade de óleo separada, maior o benefício.

LINKS ÚTEIS:

www.trevo.org.br – A organização Trevo realiza a coleta do óleo de fritura em São Paulo.

www.disqueoleo.com.br – A empresa Disque Óleo Vegetal Usado realiza a coleta do óleo de fritura no Rio de Janeiro.

COMPRAS SUSTENTÁVEIS

Todas as compras que envolvem a manutenção de um centro espírita podem ser realizadas de forma consciente, levando-se em conta, em primeiro lugar, a real necessidade de um novo produto ou serviço, e também os cuidados socioambientais do fabricante. É importante dar preferência a produtos certificados com selos verdes, que ainda são exceção à regra no mercado. Há muita informação disponível na internet para nos ajudar a comprar com responsabilidade e consciência.

LINKS ÚTEIS:

www.akatu.com.br – O Instituto Akatu para o consumo consciente é referência na produção de dados e informações relevantes nessa área.

www.idec.org.br – O Instituto Brasileiro de Defesa do Consumidor disponibiliza manuais e livros virtuais que auxiliam os consumidores a realizarem as melhores escolhas.

www.alana.org.br – Os interessados em pesquisar o fenômeno do consumismo infantil devem acessar as informações disponíveis no site do Instituto Alana.

TRANSPORTE SUSTENTÁVEL

O centro espírita pode promover o transporte solidário, a popular carona, estimulando a ocupação dos veículos que, muitas vezes, levam apenas o motorista. Em alguns casos, a campanha em favor da carona poderá permitir até o deslocamento de pessoas que deixam de frequentar a instituição pela distância, idade avançada ou problemas de saúde. Onde haja espaço, recomenda-se a instalação de bicicletários: é importante abrir caminho para o mais ecológico dos veículos, depois do próprio corpo humano.

Se a instituição tiver a chance de comprar um veículo automotor para uso em uma instituição de caridade (ou escolher o modelo que um doador resolva dar de presente), é importante priorizar modelos econômicos, que usem, de preferência, álcool etanol em lugar de gasolina ou diesel. Um estudo da Embrapa Agrobiologia revela que a substituição da gasolina pelo etanol de cana-de-açúcar pode reduzir em 73% as emissões de CO_2 na atmosfera.

LINK ÚTIL:

www.ta.org.br – A organização Transporte Ativo oferece informação e promove campanhas para o uso da bicicleta como meio de transporte.

27
ATIVISMO AMBIENTAL NO MOVIMENTO ESPÍRITA

"O ativista não é quem diz que o rio está sujo. O ativista é quem limpa o rio", disse certa vez o empresário, político e filantropo norte-americano Ross Perot. A frase denuncia a gigantesca distância que separa as boas intenções que muitos de nós costumamos manifestar em relação à natureza, das atitudes concretas que fazem toda a diferença no dia a dia. O despertar da consciência ambiental tem justificado inovações importantes nas rotinas do movimento espírita em todo o brasil. São grupos que se organizam para estimular práticas sustentáveis (dentro e fora da casa espírita) e reflexões sobre o quanto o conceito de "mundo de regeneração" pressupõe também uma nova ética nas nossas relações com o planeta.

Destacarei aqui algumas experiências dentre tantas que tive o privilégio de conhecer. Espero que sejam úteis e inspiradoras.

SABER AMBIENTAL / FERGS

Um grupo de ambientalistas gaúchos ligados à Federação Espírita do Rio Grande do Sul vem desenvolvendo desde 2010 um projeto ambiental que é referência para todas as 416 instituições espíritas daquele Estado. O *Saber Ambiental* reúne 20 voluntários que definem os rumos do projeto e orientam mais de 100 colaboradores espalhados pelas diferentes regiões administrativas da FERGS.

O trabalho se desdobra em diversas frentes, entre as quais, o estímulo ao gerenciamento ambiental das instituições, a formação de novos voluntários, realização de eventos e produção de materiais didáticos. A sede da FERGS serve de vitrine para várias inovações sustentáveis, como a coleta seletiva dos resíduos (separação de recicláveis e produção de adubo a partir da *compostagem* da matéria orgânica), substituição dos copinhos plásticos descartáveis por copos biodegradáveis ou canecas, produção de *banners* em fibra pet e uso de papel reciclado em materiais impressos.

Em 2013, o *Saber Ambiental* lançou o "Guia de Gerenciamento de Resíduos Sólidos" para todas as casas espíritas do Estado. Cada instituição é soberana para realizar mudanças em suas rotinas, mas o projeto monitora onde isso estaria acontecendo e de que jeito. Pesquisa realizada com os gestores das casas espíritas gaúchas entre 2017 e 2018 revelou que 83 instituições abordaram nesse período os assuntos ambientais em palestras públicas, 84 trataram do tema nos encontros da evangelização (com crianças e jovens), 62 realizaram trabalhos nos grupos de estudo internos, 14 casas espíritas promoveram oficinas sobre o assunto, e 20 trataram do tema em datas especiais. Diversas instituições abordaram a questão ambiental em mais de um espaço.

Um dos maiores desafios enfrentados pela equipe do *Saber Ambiental* foi "o pouco entendimento de gestores quanto à pertinência do tema socioambiental no cotidiano das casas espíritas, e a falta de compreensão por parte dos voluntários das instituições sobre o impacto ambiental gerado pela casa e pelo cotidiano de cada cidadão." Daí a importância do apoio institucional da FERGS, que compartilha em seu site (e nas redes sociais da Federação) todas as cartilhas, vídeos e documentos relacionados ao projeto.

Outro fator importante de engajamento é a produção editorial própria. Vários livros do *Saber Ambiental* foram lançados pela Editora Francisco Spinelli, da FERGS, entre os quais "Roboclável", "O espetáculo das águas" e "A cobra que usava chinelo", voltadas ao público infantojuvenil. Para o público adulto, foram lançadas as obras "As casas espíritas e a preservação ambiental" e "Conectando Ciência, Saúde e Espiritualidade, Volume 2", em parceria com a Associação Médico-Espírita do RS (AMERGS).

O projeto permitiu a consolidação de 30 parcerias institucionais fora do movimento espírita, como as firmadas com a Associação de Reciclagem Força e Coragem; Associação Brasileira dos Membros do Ministério Público de Meio Ambiente (Abrampa), Centro Nacional de Educação à Distância (CENED), entre outras.

Os voluntários mais antigos do *Saber Ambiental* gostam de lembrar que todo esse trabalho nasceu pequenininho, em 2008, na Sociedade Beneficente Espírita Bezerra de Menezes, fundada há 103 anos no bairro Auxiliadora, em Porto Alegre. Um belo exemplo de como uma sementinha pode crescer e se transformar numa árvore frondosa quando encontra um solo fértil para germinar. Vida longa para o *Saber Ambiental*!

MOVE

O Movimento pela Ética Animal Espírita (Move) iniciou seus trabalhos em 2017, promovendo uma ampla revisão bibliográfica na literatura espírita. O objetivo era reunir o maior número possível de citações que versassem sobre "a importância da alimentação vegetariana e melhoria do relacionamento humano com os animais". Para surpresa de muitos, esse trabalho revelou mais de 200 referências, em mais de 100 obras espíritas. A base de dados dessa pesquisa foi reunida no "Catálogo de Referências Bibliográficas da Ética Animal Espírita" (disponível no site do Move) com atualização permanente.

Em maio de 2021, em parceria com a Federação Espírita Brasileira (FEB), o Move publicou parte do material reunido neste catálogo em um opúsculo com o objetivo de "facilitar o acesso dos espíritas às recomendações dos Benfeitores Espirituais sobre a renovação dos hábitos que prejudicam os animais e a Natureza e, consequentemente, a Humanidade".

Embora o Espiritismo deixe muito claro que não é possível condicionar o nível evolutivo da criatura a partir do que ela coma ou deixe de comer, a razão de ser do Move é divulgar essas informações inspirado na *comunicação não-violenta*, ou seja, sem imposições de qualquer natureza, respeitando amorosamente outras opiniões e pontos de vista.

Nascido "Movimento Vegano Espírita" (daí a sigla Move), o grupo decidiu em 2019 mudar o nome para "Movimento pela Ética Animal Espírita", no entendimento de que o universo de trabalho do grupo extrapolava a questão alimentar, alcançando também os diferentes níveis de relacionamento da nossa espécie com os animais e o meio ambiente.

É o que se percebe nos sugestivos títulos de alguns dos 26 artigos já publicados por integrantes do grupo (alguns deles na Revista Internacional de Espiritismo/RIE e em *Reformador*, da FEB) como "Novo coronavírus e a criação e consumo de animais"; "Veganismo sob a ótica do tríplice aspecto do Espiritismo", "O impacto social da produção da carne", "Mundo de Regeneração com matadouros?"; "Jesus comeu peixe?", "Alimentação vegetariana: cuidando do corpo e do espírito", entre outros.

Presente nas redes sociais, sem dispor de uma sede física, o Move conta com consultores especialistas nas áreas de Nutrição, Direito, Biologia, Gestão Ambiental e Medicina Veterinária. Os voluntários promovem todos os domingos às 20h a "Oração pelos Animais", e todas as terças às 20h a "Oração pelo Planeta". Há ainda *lives* mensais sobre a vida de Francisco de Assis, entrevistas, debates e congressos.

O Move também disponibiliza receitas vegetarianas acessíveis, adaptadas inclusive para espaços espíritas (cantinas e lanchonetes, almoços e eventos beneficentes, campanhas solidárias de alimentação para pessoas em situação de rua), através da publicação de *e-books* próprios.

Um bom resumo do trabalho do Move, definido por um de seus integrantes, é o que segue abaixo:

> Desejamos contribuir para que a comunidade espírita assimile em seus espaços e práticas uma ética animal e ambiental à luz do Espiritismo, ensinando aos seus adeptos e interessados um agir moral no mundo extensivo a toda a Natureza, superando o prejudicial modelo antropocêntrico e especista e servindo como instrumentos do Guia e Modelo, Jesus, cuja Governança Espiritual da Terra é para todos os seres, sem distinção.

É indiscutível a contundente contribuição do Move para o despertar de novas sensibilidades – e disposições – em favor da vida em suas múltiplas resoluções.

OBRA SOCIAL CÉLIO LEMOS

Fundada em 1970 em São José dos Campos (SP), a Obra Social Célio Lemos (OSCL), é uma instituição espírita dirigida por um grupo de voluntários que desenvolve um importante trabalho educacional fortemente inspirado na sustentabilidade.

A instituição atende 312 crianças de 4 meses até 6 anos numa escola em que as questões ambientais aparecem em lugar de destaque, na teoria e na prática, inspirando projetos pedagógicos inovadores e reconhecidos pela comunidade.

São inúmeras as atividades que associam projeto pedagógico com uma cultura ecológica.

A horta orgânica, por exemplo, foi ganhando espaço, prestígio e importância dentro e fora da escola. Hoje ocupa 2.000 m² de área para aulas ao ar livre, estudos acadêmicos com a introdução de Plantas Alimentícias Não Convencionais (PANC), e produção própria que abastece o consumo interno e a preparação da sopa servida para a população em situação de rua às terças-feiras. Parte da colheita é vendida para cobrir as despesas da horta.

Graças ao cultivo das hortaliças foi possível produzir um adubo orgânico fermentado chamado *bokashi*, que é utilizado nos canteiros e também é vendido para o público.

Outro subproduto da horta é o fosfito, resultado da mistura da casca de arroz (riquíssima em silício) e da farinha de osso (rica em cálcio e fósforo).

O lixo orgânico da própria escola reforça a produção de adubo. Desde 2016, já passaram pela compostagem mais de 25 toneladas de resíduos orgânicos, o que impediu a emissão de 10 toneladas de gases estufa. O composto produzido é usado nos canteiros para a produção de hortaliças.

A coleta seletiva de resíduos surpreende pelos materiais inusitados que também passaram a ter destinação inteligente. É o caso do óleo de cozinha (doado para a produção de biodiesel), dos calçados usados (que são reconstituídos e doados para comunidades de baixa renda em parceria com a Recicalce) e até mesmo das esponjas de cozinha (em parceria com a TerraCycle).

O esforço da escola para reduzir a geração de resíduos inspirou a substituição dos copos descartáveis por outros retornáveis, evitando o lançamento mensal de 20 mil copos plásticos descartáveis no lixo.

A água da chuva é canalizada dos telhados da instituição para reservatórios de 30 mil litros que abastecem os serviços de limpeza, rega de jardim, vasos sanitários e irrigação da horta.

Além disso, a escola realizou várias "vaquinhas digitais" (*crowdfunding*) para viabilizar a instalação de 56 painéis fotovoltaicos. A *energia solar* permite uma geração própria, limpa e renovável, de 1300-1800 KWh/mês, o que representa uma redução mensal da conta de energia entre 900-1200 reais.

Como se vê, a Obra Social Célio Lemos é uma vitrine de soluções sustentáveis perfeitamente aplicáveis em uma escola com excelente retorno socioambiental. Um belo exemplo de instituição de ensino num mundo de regeneração.

CAMPANHA NACIONAL PERMANENTE DE CONSCIENTIZAÇÃO ECOLÓGICA

A Federação Espírita Brasileira, através de seu Conselho Federativo Nacional, lançou em setembro de 2021 uma campanha permanente com o objetivo de "conscientizar o cidadão espírita sobre a gravidade da crise ambiental e suas responsabilidades perante a Mãe-Terra, por meio de uma formação não-antropocêntrica, oferecendo subsídios teóricos e práticos que contribuam para a mudança individual e coletiva de condutas em prol da Natureza".

A campanha envolve todas as federativas e propõe, entre outras metas, a promoção de uma "cultura de paz, a conscientização ecológica e a prática da ética animal e ambiental espírita, estabelecendo uma evangelização ecológica". A FEB organizará e divulgará um "Guia de Conscientização Ecológica e Transição Alimentar Sustentável à Luz do Espiritismo", e incentivará a formação de Grupos de Trabalho de Ecologia e Espiritismo nas federativas estaduais.

Esta campanha é a primeira do gênero da centenária instituição, que entre suas várias atribuições, orienta a organização das casas espíritas, estimula a divulgação da doutrina codificada por Allan Kardec, estrutura modelos pedagógicos de aprendizagem do Espiritismo, além de patrocinar campanhas e eventos doutrinários. A publicação de livros é uma das missões mais importantes da FEB, fomentando o estudo das obras básicas e de autores diversos.

A mobilização da FEB em favor do meio ambiente é um marco importante na história da instituição, respaldando as ações já existentes, encorajando as inovações que precisam acontecer, oxigenando o debate dentro do movimento espírita sobre um assunto cada vez mais importante e urgente. Assunto este que, é bom lembrar, o Espiritismo vem sendo fonte de esclarecimentos desde a Codificação, em 1857.

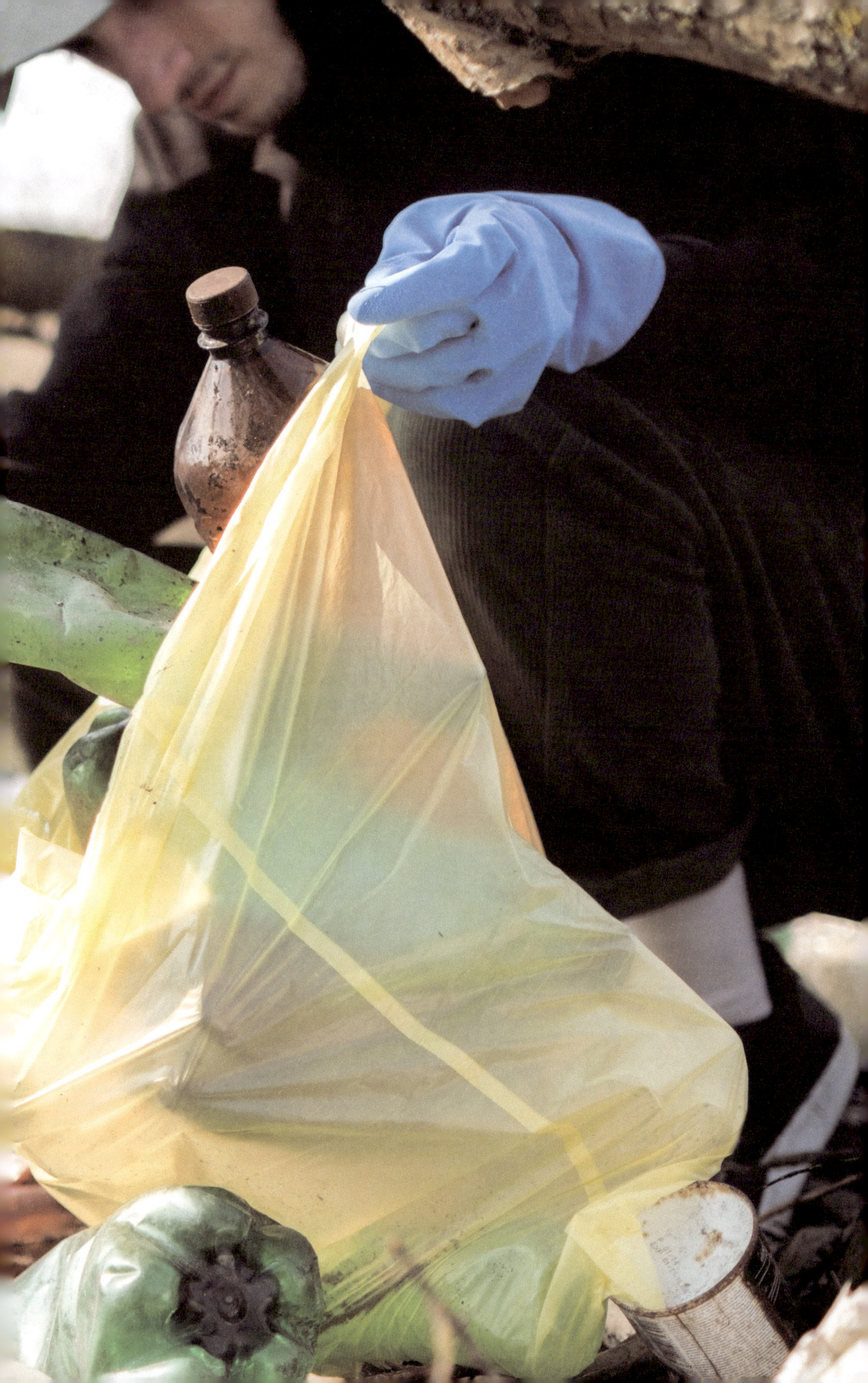

28

UM PEQUENO DICIONÁRIO AMBIENTAL

A ideia de disponibilizar aqui os 140 verbetes originalmente produzidos para a edição do livro *Meio ambiente no século 21* (São Paulo: Autores Associados, 2008 – www.autoresassociados.com.br) vai ao encontro de nossas expectativas de estimular no meio espírita o maior conhecimento, curiosidade e interesse sobre alguns conceitos que são especialmente importantes nas ciências ambientais. As palavras e expressões reunidas neste pequeno glossário são o resultado do precioso trabalho realizado pela bióloga, mestre em Ciência da Informação e dicionarista Patrícia Mousinho,[110]

---

[110] Bióloga (UFRJ), Pós-Graduada em Planejamento e Gerenciamento Ambiental (UERJ), Mestre em Ciência da Informação (UFRJ). Especialista em Informação, Comunicação e Educação Ambiental, com experiência em ONGs, empresas

amiga de longos anos, a quem agradeço a cessão dos direitos para o usufruto de todos os leitores.

O glossário original foi revisto e ampliado, contando agora com a inserção de novos verbetes (pertinentes a esta obra). Foram também verificados todos os links indicados para obtenção de informações adicionais – e substituídos sempre que necessário –, em função do dinamismo da internet.

---

e academia. Foi colaboradora do *Dicionário Houaiss da língua portuguesa* e uma das organizadoras do *Dicionário brasileiro de ciências ambientais*.

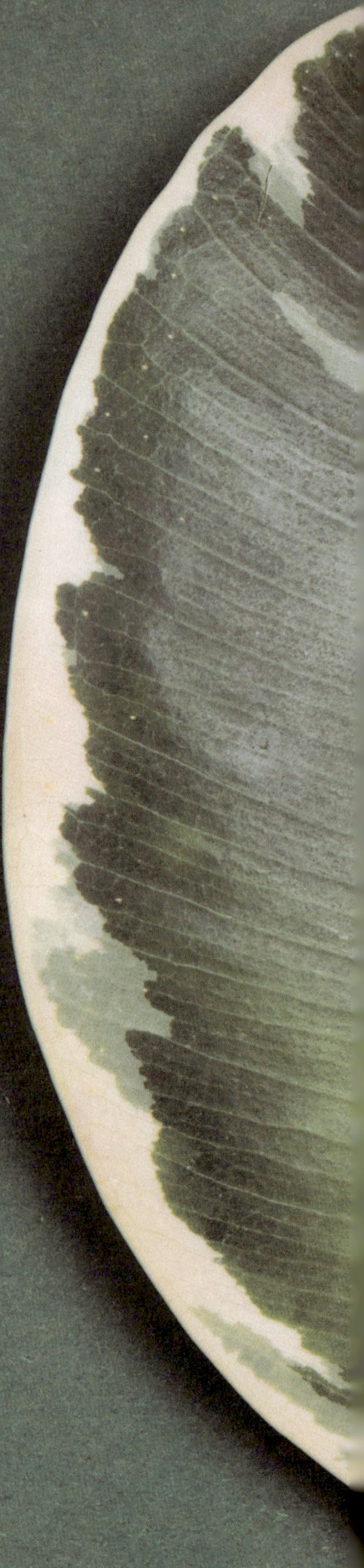

GLOSSÁRIO

Acidente maior – Tradução literal de *major accident*. Acidente capaz de ameaçar não somente aqueles direta ou indiretamente envolvidos em uma determinada atividade, mas também o meio ambiente e as populações humanas situadas além dos limites da instalação onde o acidente ocorre. Também traduzido como acidente ampliado ou acidente severo.

Agenda 21 – Documento que se propõe a traduzir em ações o conceito de desenvolvimento sustentável, a Agenda 21 teve a contribuição de governos e organizações da sociedade civil de 179 países, num processo preparatório que durou dois anos e culminou com sua aprovação na Rio-92. É um plano de ação a ser adotado global, nacional e localmente para promover um novo modelo de desenvolvimento, contendo 4 seções, 40 capítulos, 115 programas e aproximadamente 2.500 ações a serem implementadas. Texto completo e informações sobre Agenda 21: http://www.mma.gov.br/responsabilidade-socioambiental/ agenda-21.

Agenda 21 Local – Processo participativo que envolve setores diversos na construção e implementação de um plano de ação estratégica, com visão de longo prazo, contemplando as questões relevantes para o desenvolvimento sustentável local. Não depende, para sua implantação, da Agenda 21 Nacional. Informações sobre o processo de construção das Agendas 21 Locais Brasileiras: http://www.mma.gov.br/port/se/agen-21locais/corpo.html.

Agenda 21 Brasileira – Os países signatários dos acordos firmados na Rio-92 assumiram o compromisso de elaborar sua própria Agenda 21. O êxito da execução da Agenda 21 – como se lê no preâmbulo do documento – é responsabilidade dos governos e, para concretizá-la, são fundamentais as estratégias, os planos, as políticas e os processos nacionais. Sobre a Agenda 21 Brasileira, ver artigo de Washington Novaes, mencionado neste volume à pág. 55.

Agenda 21 Nacional – Ver *Agenda 21 Brasileira*.

Agenda Azul – Conjunto de temas a serem considerados na gestão dos recursos hídricos, incluindo águas subterrâneas.

Agenda Marrom – Conjunto de temas a serem considerados na gestão do ambiente urbano, abrangendo aspectos como poluição atmosférica, saneamento e gerenciamento de resíduos industriais.

Agenda Verde – Conjunto de temas a serem considerados na gestão de áreas protegidas, conservação da biodiversidade e recursos genéticos.

Agricultura Orgânica – Sistema de produção que se baseia na manutenção da estrutura e produtividade do solo e na harmonia com o ambiente natural. O conceito surgiu entre as décadas de 1920 e 1930 com as pesquisas do inglês *Sir* Albert Howard na Índia, que destacava a importância da utilização da matéria orgânica e da manutenção da vida biológica do solo. A agricultura orgânica exclui o uso de compostos sintéticos como fertilizantes, pesticidas, reguladores de crescimento e aditivos para a alimentação animal, e adota práticas como compostagem, adubação verde, rotação de culturas e controle biológico de pragas. Aos produtos resultantes deste sistema se dá o nome de produtos orgânicos.

Agroecologia – Nova abordagem da agricultura fundamentada no equilíbrio do funcionamento dos ecossistemas, em que se adotam práticas ambientalmente saudáveis, sem emprego de produtos ou metodologias que possam afetar este equilíbrio. A agroecologia é voltada ao ambiente e mais sensível socialmente, centrada não só na produção, mas também na sustentabilidade ecológica do sistema produtivo. O uso atual do termo data dos anos 1970, embora sua ciência e suas práticas sejam tão antigas quanto a agricultura. Os principais ramos da agroecologia são: agricultura orgânica, agricultura sustentável, agricultura natural, agricultura biológica, permacultura e agricultura biodinâmica.

Agroflorestal, Sistema – Forma de uso da terra que envolve o manejo intencional de árvores. Difere das demais formas de uso agropecuário ou florestal por combinar, na mesma unidade de terreno, plantas perenes e lenhosas com culturas agrícolas e/ou animais. A introdução e mistura de árvores ou arbustos em áreas de produção agrícola ou pecuária traz benefícios em função das interações ecológicas e econômicas que acontecem nesse processo. Dentro da categoria de *agrofloresta* estão reunidas práticas como a *agrossilvicultura*, os sistemas *silvopastoris* e os *agrossilvopastoris*.

Agrotóxico – Produto de natureza biológica, física ou química que tem a finalidade de combater pragas ou doenças que ataquem as culturas agrícolas. Os agrotóxicos podem ser pesticidas (combatem insetos em geral), fungicidas (fungos) e herbicidas (plantas invasoras ou daninhas). Por serem tóxicos ao homem, aos animais e ao meio ambiente, exigem cuidados especiais para seu armazenamento, transporte e uso. Seus efeitos nocivos atingem não apenas aqueles que lidam diretamente com as substâncias no campo, mas também os consumidores dos produtos cultivados. Segundo a Organização das Nações Unidas para a Agricultura e Alimentação (FAO), o Brasil ocupa, atualmente, a posição de terceiro maior consumidor mundial de agrotóxicos, substâncias que podem causar câncer, fibrose pulmonar, cirrose hepática, aborto, impotência, esterilidade sexual, distúrbios neurológicos e até matar. [= defensivo agrícola.]

Aquecimento global – Ver em *efeito estufa*.

Aquífero – Formação subterrânea que contém água livre ou confinada em quantidade suficiente para alimentar poços e nascentes que podem ser utilizados como fontes de abastecimento. Qualquer tipo de rocha pode constituir um aquífero, desde que apresente condições de armazenar e transmitir água. Ver também *lençol freático*.

Assoreamento – Processo natural de deposição de sedimentos, em geral lento e gradativo, que ocorre em rios, lagos, baías e oceanos. A ação humana, por exemplo pelo desmatamento, tem acelerado o ritmo natural dos processos de assoreamento.

Aterro controlado – Forma de disposição final de resíduos sólidos em que são adotadas medidas para tentar reduzir os impactos ao ambiente e à saúde. Muitas vezes são antigos lixões que passaram por algum tratamento técnico, mas que não têm a segurança e o controle de um aterro sanitário. Ver também *aterro sanitário e lixão*.

Aterro sanitário – Forma de disposição final de resíduos sólidos que obedece a um conjunto de normas operacionais e critérios técnicos, de modo a evitar riscos à saúde pública e ao ambiente. Os resíduos são depositados em terrenos impermeabilizados e a seguir compactados e recobertos por camadas de terra. Deve haver dispositivos para drenagem superficial da área, captação e tratamento de chorume (líquido de alto potencial poluidor proveniente da decomposição da matéria orgânica presente no lixo) e captação e tratamento dos gases provenientes da decomposição do lixo (principalmente metano e dióxido de carbono). Um aterro sanitário deve contar com monitoramento ambiental e geotécnico permanente, além de um plano de encerramento de suas atividades. Ver também *aterro controlado e lixão*.

Ativo ambiental – Conjunto de bens e direitos destinados ou provenientes da atividade de gerenciamento ambiental, incluindo os gastos efetuados com conservação ambiental ou com prevenção e redução de danos ambientais potenciais.

Auditoria ambiental – Processo de verificação sistemática, de natureza voluntária ou compulsória, que permite avaliar se as atividades, eventos, condições e sistemas de gestão relativos ao ambiente estão em conformidade com um determinado conjunto de critérios, tais como requisitos legais, normativos, de contrato, políticas, objetivos e metas ambientais. É um exercício de obtenção de informações capaz de revelar demandas de melhorias ambientais e ações corretivas. Pode haver diferentes tipos de auditorias ambientais, tais como Auditoria de Diagnóstico Ambiental, Auditoria de Passivo Ambiental, Auditoria de Conformidade Legal e Auditoria de Desempenho Ambiental.

Bacia – Ver *bacia hidrográfica*.

Bacia hidrográfica – Área drenada por um rio principal e seus afluentes, que tem como um de seus limites os divisores de água (pontos a partir dos quais a água da chuva escoa para uma ou outra vertente de uma montanha, por exemplo) e inclui a existência de nascentes, subafluentes etc. A bacia hidrográfica é a unidade territorial adotada para a implementação da Política Nacional de Recursos Hídricos. Ver também *Comitê de Bacia*.

Biodiversidade – Diversidade de organismos vivos e espaços em que vivem, que compreende a variedade de genes dentro de espécies e populações; de espécies animais, vegetais e de microorganismos; de processos ecológicos num ecossistema; e de comunidades e ecossistemas.

Refere-se tanto à quantidade de diferentes categorias biológicas (riqueza) quanto à sua abundância relativa (equitabilidade). [= diversidade biológica.]

Biologia da Conservação – Ciência aplicada e multidisciplinar surgida na década de 1980 como resposta da comunidade científica à crise da biodiversidade. Integra conhecimentos de várias áreas (por exemplo ecologia, biogeografia, genética de populações, economia, sociologia, antropologia e filosofia) para o estudo dos efeitos das ações humanas sobre espécies, comunidades e ecossistemas, assim como para o desenvolvimento de estratégias para a proteção e recuperação da biodiversidade.

Bioma – Unidade ecológica de grande extensão de área modelada pela interação entre os climas, seres vivos e solo de uma determinada região. Os biomas possuem fisionomia homogênea e um tipo de formação vegetal predominante, sendo facilmente identificáveis. São grandes os impactos sofridos pelos biomas brasileiros – *Caatinga, Campos Sulinos, Cerrado, Floresta Amazônica, Mata Atlântica, Pantanal e Zona Costeira e Marinha* –, que já perderam grande parte de sua área original. A situação dos biomas brasileiros e as prioridades para conservação da biodiversidade em cada um deles foram atualizadas pelo Projeto de Conservação e Utilização Sustentável da Diversidade Biológica Brasileira (Probio) em 2006: http://www.mma.gov.br/sitio/index.php?ido=conteudo.monta&idEstrutura=72&idMenu=3812.

Biomassa – Quantidade de material vivo existente numa determinada área, em determinado momento, em geral expressa em unidades de energia ou em peso seco de matéria orgânica. A biomassa inclui a totalidade dos corpos dos organismos vivos, embora partes deles possam estar mortas (cascas de árvores, por exemplo). A fração da biomassa composta de material morto ainda ligado aos organismos vivos é chamada de necromassa.

Biorregião – Espaço geográfico que contém um ou vários ecossistemas e se caracteriza por sua topografia, vegetação, cultura e história humanas.

Biosfera – Região da Terra que inclui todos os organismos vivos e as porções do planeta por eles habitadas: atmosfera, hidrosfera e litosfera.

Biotecnologia – Aplicação dos conhecimentos e tecnologias de áreas como Biologia, Bioquímica, Genética, Microbiologia e Engenharia Química para obter produtos ou alcançar resultados específicos, ou seja, uso de organismos vivos e de sistemas biológicos na produção de bens e serviços. O desenvolvimento da Engenharia Genética, a partir dos anos 1970, deu origem à chamada biotecnologia moderna, baseada na manipulação e transferência de genes entre organismos.

Bolha de Emissões – Mecanismo integrante do Protocolo de Quioto que permite que as metas de países industrializados – reunidos no chamado Anexo I – possam ser cumpridas conjuntamente, como se as diversas fontes de emissão de gases de efeito estufa estivessem envolvidas em uma grande bolha, podendo ser definidas taxas diferenciadas entre os países. Ver também *Comércio de emissões, Implementação conjunta* e *Mecanismo de desenvolvimento limpo.*

Cadeia alimentar – Sequência de passagem de energia, na forma de alimentos, de um organismo para outro. A energia flui desde os organismos produtores até os consumidores primários, secundários e terciários. As cadeias alimentares quase sempre estão organizadas em redes complexas e interconectadas chamadas de teias alimentares.

Camada de ozônio – Faixa da atmosfera, situada a cerca de 30km de altura, onde a radiação ultravioleta (UV) do Sol reage com as moléculas de oxigênio (O2) produzindo uma grande concentração de ozônio (O3). As moléculas de ozônio, por sua vez, são quebradas pelos raios UV, gerando O2 e oxigênio livre. Deste modo, a camada de ozônio atua como um filtro que regula a chegada de radiação UV à superfície terrestre. A abertura de buracos nesta camada, intensificada pela emissão de gases como os CFCs, permite a passagem excessiva de raios UV, capazes de provocar mutações nos seres vivos, causando males à saúde humana (tais como queimaduras, câncer de pele, catarata e fragilização do sistema imunológico) e ao ambiente (por exemplo, redução das colheitas, degradação do ecossistema dos oceanos e diminuição da pesca).

Capacidade de suporte – Nível máximo de utilização que determinados recursos e sistemas ambientais são capazes de suportar sem prejuízo ao seu equilíbrio e sustentabilidade. No caso de atividade turística, por exemplo, a capacidade de suporte é expressa pela quantidade de visitantes que uma área pode receber, num determinado intervalo de tempo, sem comprometer os processos ecológicos que ali ocorrem; no caso de um corpo d'água receptor de um efluente, a quantidade de carga poluidora que este é capaz de receber e depurar sem ferir os padrões de qualidade referentes aos usos a que se destina. [= capacidade de carga.]

Capital natural – Estoque de bens e serviços, tangíveis e intangíveis, fornecidos ao homem pelos sistemas naturais. Incluem, por exemplo, a oferta de recursos naturais para produção de bens econômicos, a produção de oxigênio, a regulação do clima, o controle da erosão e a capacidade de assimilação de despejos.

Carta da Terra – Documento que se propõe a servir como um código de ética planetário capaz de orientar pessoas e nações rumo à sustentabilidade. Em 1987, a *Comissão Brundtland* recomendou que fosse elaborado um documento que pudesse expressar os princípios fundamentais do desenvolvimento sustentável. A primeira minuta ficou pronta na Rio-92, mas o documento não chegou a ser aprovado. Seguiu-se um processo de amadurecimento do texto da Carta e, em 1997, foi criada a Comissão da Carta da Terra, com a finalidade de organizar uma consulta mundial durante dois anos. A Carta da Terra veio a ser publicada em 2000, como resultado de um processo altamente participativo, em que diversas versões do documento receberam contribuições de milhares de indivíduos e centenas de organizações de todas as regiões do mundo, diferentes culturas e setores da sociedade. Trata-se de uma síntese de valores, princípios e aspirações compartilhados pela sociedade global. Texto completo: http://www.earthcharterinaction.org/invent/images/uploads/ echarter_portuguese.pdf.

CFC – Ver *clorofluorcarbono*.

Clorofluorcabono – Composto químico formado pelos elementos cloro, flúor e carbono, conhecido pela sigla CFC. Os clorofluorcarbonos são utilizados como propelentes em aerossóis, como refrigerantes (em geladeiras e condicionadores de ar, por exemplo), como solventes e na fabricação de embalagens de espuma. Os CFCs mais comuns são o CFC-11, CFC- 12, CFC-113, CFC-114 e CFC-115. Criados nos anos 1920, os clorofluorcarbonos foram amplamente utilizados durante décadas por serem compostos estáveis e não reagirem com outros componentes das camadas mais baixas da atmosfera – somente por volta de 1970 seus efeitos destrutivos nas camadas mais altas foram descobertos. Ver também *camada de ozônio*.

Clube de Roma – Organização multinacional criada em 1968 pelo industrial italiano Aurélio Peccei e pelo químico inglês Alexander King. Formado por cem membros oriundos dos negócios, política e ciências sociais e ambientais, o grupo nasceu com o objetivo de analisar o dilema da espécie humana em um mundo de recursos finitos e de sugerir políticas alternativas para enfrentar tal crise. Ganhou atenção internacional ao publicar, em 1972, seu primeiro relatório, sob o título "Os limites do crescimento" (*The limits to growth*), em que aplicava um modelo para fazer projeções em escala mundial. O relatório previa que, caso as tendências verificadas em relação à população mundial, industrialização, poluição, produção de alimentos e depleção de recursos não fossem alteradas, os limites para o crescimento no planeta seriam atingidos em cem anos. O relatório foi alvo de severas críticas e gerou intensos debates. Informações sobre as atividades do Clube de Roma: http://www.clubofrome.org.

Comando e controle – Instrumento de gestão baseado em mecanismos de regulação (como fiscalização, legislação, estudo de impacto ambiental etc.) e na atribuição de penalidades pelo não cumprimento de normas e regras. Amplamente utilizado em todo o mundo, apesar de conter procedimentos técnicos de alto custo e ter caráter muitas vezes burocrático, não estimulando ações que vão além do cumprimento de padrões estabelecidos na legislação: de um lado, o órgão de governo fiscaliza o cumprimento da legislação; de outro, a empresa tão somente reage cumprindo exigências.

Combustível fóssil – Combustível orgânico derivado da decomposição de restos da fauna e flora acumulados no decorrer de milhões de anos na crosta terrestre. São depósitos de petróleo, gás natural, carvão e turfa que, apesar de não poderem se recompor em escala de tempo inferior a milhões de anos, ainda hoje representam a fonte de energia mais utilizada do mundo. Além de alto potencial energético, os combustíveis fósseis possuem alto potencial de poluição.

Comércio de Emissões – Mecanismo estabelecido pelo Protocolo de Quioto que permite que os países industrializados – reunidos no chamado Anexo I – troquem entre si as cotas de emissões de gases de efeito estufa a que têm direito, não podendo, porém, o comprador prescindir dos esforços de redução das emissões domésticas. Ver também *Bolha de emissões*, *Implementação conjunta* e *Mecanismo de desenvolvimento limpo*. [= Comércio de Cota de Emissões.]

Comissão Brundtland – Nome como ficou conhecida a Comissão Mundial sobre Meio Ambiente e Desenvolvimento, criada em 1983 pelas Nações Unidas como decorrência da Conferência de Estocolmo. Presidida pela então primeira-ministra da Noruega, Gro Harlem Brundtland, tinha como objetivo avaliar a questão ambiental em sua interface com o desenvolvimento, propondo um plano de ação em nível mundial. Ver também *Nosso Futuro Comum*.

Comissão de Desenvolvimento Sustentável das Nações Unidas – Comissão criada pelas Nações Unidas em dezembro de 1992 para assegurar um acompanhamento efetivo dos compromissos assumidos na Rio-92, promover a cooperação internacional e a integração das questões ambientais e do desenvolvimento na tomada de decisão intergovernamental, e avaliar progressos na implementação da Agenda 21 nos níveis local, nacional e internacional. Para acompanhar o andamento dos trabalhos da Comissão: Ver *Rio-92*.

Comitê de Bacia – Fórum com atribuições normativas, consultivas e deliberativas que constitui a base do Sistema Nacional de Gerenciamento dos Recursos Hídricos (SNGRH). Tem por objetivo a gestão participativa e descentralizada dos recursos hídricos de modo a garantir uma utilização racional e sustentável e a manutenção da qualidade de vida da sociedade. Os Comitês são constituídos por representantes do poder público, usuários das águas e organizações civis que atuem na recuperação e conservação do ambiente e dos recursos hídricos em uma determinada bacia hidrográfica. Para mais detalhes sobre o assunto e informações sobre os Comitês já implantados em todo o Brasil: http://www.ana.gov.br/GestaoRecHidricos/ArticulacaoInstitucional/default.asp. Ver também *bacia hidrográfica*.

Compostagem – Decomposição, por micro-organismos aeróbicos, da matéria orgânica contida em restos animais ou vegetais. O material resultante do processo, chamado de composto, é utilizado na adubação do solo.

Conferência das Nações Unidas sobre Meio Ambiente e Desenvolvimento – Ver *Rio-92*.

Conferência das Nações Unidas sobre o Ambiente Humano – Ver *Conferência de Estocolmo*.

Conferência das Partes – A Conferência das Partes (COP) é o órgão supremo da Convenção-Quadro das Nações Unidas sobre Mudanças Climáticas. Estabelecida no artigo 7º da Convenção, a COP é um encontro dos países signatários em que a implementação da Convenção e de todos os mecanismos que venham a ser adotados devem ser permanentemente avaliados. Na 1a Conferência das Partes da Convenção (COP 1), realizada em 1995 na cidade de Berlim, Alemanha, teve início o processo de negociação de um protocolo. Em junho de 1996, na 2a Conferência das Partes (COP 2), em Genebra, Suíça, foi aceito o estabelecimento de prazos e limites obrigatórios para a redução de emissões de gases com efeito estufa. Na 3a Conferência das Partes (COP 3), realizada em Quioto, Japão, em 1997, foi adotado o Protocolo de Quioto. Em 1998, a COP 4 estabeleceu o Plano de Ação de Buenos Aires (cidade argentina que sediou o encontro), buscando o fortalecimento da implementação da Convenção e preparando a entrada em vigor do Protocolo de Quioto. A COP 5, realizada em 1999 em Bonn, Alemanha, resultou no compromisso político de ratificar o Protocolo de Quioto em 2002. A 6a Conferência das Partes (COP 6), realizada em Haia, Holanda, em novembro de 2000, tinha como principal objetivo a definição de regras para o Protocolo de Quioto, mas não conseguiu alcançá-lo. Na 7a Conferência das Partes (COP 7), realizada em 2001 em Marrakesh, Marrocos, foram finalizados os detalhes operacionais do Protocolo de Quioto, criando as bases para sua ampla ratificação pelos governos. Na 8a Conferência das Partes (COP 8), em Nova Délhi, Índia, em 2002, foi adotada a Declaração de Délhi sobre Mudanças Climáticas e Desenvolvimento Sustentável.

Conferência de Estocolmo – Denominação comum da Conferência das Nações Unidas sobre o Ambiente Humano, realizada em 1972 em Estocolmo, Suécia, com a presença de representantes de 113 países. Primeira conferência global voltada para o ambiente, é considerada um marco histórico-político- internacional, decisivo para o surgimento de políticas de gerenciamento ambiental. Direcionou a atenção mundial para as questões do ambiente, especialmente a sua degradação e a poluição transfronteiriça, conceito particularmente importante por evidenciar o fato de que a poluição não reconhece limites políticos ou geográficos e afeta países, regiões e pessoas muito além de seu ponto de origem. Destacou a importância da informação como instrumento de combate à crise ambiental, designando o dia 5 de junho como Dia Mundial do Meio Ambiente, data em que todos os governos deveriam reafirmar sua preocupação com a preservação e melhoria do ambiente humano, desenvolvendo atividades que despertassem a consciência sobre as questões ambientais. Resultou na criação do Programa das Nações Unidas para o Meio Ambiente (Pnuma) e gerou a *Declaração sobre o Ambiente Humano*, uma afirmação de princípios de comportamento e responsabilidade que deveriam governar as decisões relativas às questões ambientais, e o *Plano de Ação Mundial*, uma convocação à cooperação internacional para a busca de soluções para os problemas ambientais.

Conferência de Joanesburgo – Ver *Rio+10*.

Conservação – Conceito desenvolvido e disseminado nas últimas décadas do século XIX como um relacionamento ético entre pessoas, terras e recursos naturais, ou seja, uma utilização coerente destes recursos de modo a não destruir sua capacidade de servir às gerações seguintes, garantindo sua renovação. A conservação prevê a exploração racional e o manejo contínuo de recursos naturais, com base em sua sustentabilidade. Ver também preservação.

Convenção da Biodiversidade – Denominação comum da Convenção-Quadro das Nações Unidas sobre Diversidade Biológica, acordo lançado na Rio-92 que tem como objetivos a conservação da diversidade biológica, o uso sustentável de seus componentes e a repartição justa e equitativa dos benefícios derivados da utilização dos recursos genéticos. Leva em consideração o acesso adequado a estes recursos e a transferência de tecnologias pertinentes, assim como todos os direitos sobre tais recursos e tecnologias. Texto complete da Convenção: http://www. mma.gov.br/biodiversidade/convencao-da-diversidade-biologica. [= Convenção sobre Diversidade Biológica.]

Convenção de Viena – Denominação comum da Convenção de Viena para a Proteção da Camada de Ozônio, acordo multi- lateral global lançado em 1985 em Viena, Áustria, que entrou em vigor no ano de 1988. Compromete os países signatários a adotar um conjunto de medidas com o objetivo de proteger a saúde humana e o ambiente contra os efeitos nocivos que possam resultar de modificações da camada de ozônio causadas por atividades humanas. O foco principal da Convenção era o estímulo à pesquisa, cooperação e intercâmbio de informações entre os países. A Convenção de Viena estabeleceu as bases para discussões e negociações até que se chegasse à assinatura do Protocolo de Montreal sobre Substâncias que Destroem a Camada de Ozônio. Texto completo em inglês: http://www.mma.gov.br/clima/protecao-da-camada-de-ozonio/convencao-de-viena-e-protocolo-de- montreal Ver também *camada de ozônio e Protocolo de Montreal*.

Convenção do Clima – Denominação comum da Convenção-Quadro das Nações Unidas sobre Mudança do Clima, acordo lançado na Rio-92 que tem como objetivo a estabilização das concentrações de gases de efeito estufa na atmosfera num nível tal que evite prejuízos ao sistema climático em decorrência de ações antrópicas. Este nível deve ser atingido numa escala de tempo que permita a adaptação natural dos ecossistemas às mudanças do clima, de modo a não ameaçar a produção de alimentos e possibilitar que o desenvolvimento econômico prossiga de modo sustentável. Para acompanhar as negociações no âmbito da Convenção do Clima, visite http://www.mct. gov.br/index.php/content/view/21597.html Outras informações e texto completo da Convenção: http://www.mct.gov.br/index.php/content/ view/4069.html#ancora. Ver também *mudança do* *clima*. [= Convenção sobre Mudança do Clima, Convenção sobre Mudanças Climáticas.]

Convenção sobre Mudanças Climáticas – Ver *Convenção do Clima*.

Convenção-Quadro das Nações Unidas sobre Diversidade Biológica – Ver *Convenção da Biodiversidade*.

Convenção-Quadro das Nações Unidas sobre Mudanças do Clima – Ver *Convenção do Clima*.

Cúpula de Joanesburgo – Ver *Rio+10*.

Cúpula do Milênio – Ver *Rio+10*.

Cúpula Mundial sobre Desenvolvimento Sustentável – Ver *Rio+10*.

Declaração de Princípios das Florestas – Denominação comum da Declaração de Princípios para um Consenso Global sobre o Manejo, Conservação e Desenvolvimento Sustentável de Todos os Tipos de Florestas, documento sem força jurídica obrigatória aprovado na Rio-92, que representa o primeiro grande consenso internacional sobre avanços relativos ao uso e conservação de florestas. Contém um conjunto de 15 princípios para orientação de políticas nacionais e internacionais voltadas à proteção e ao uso mais sustentáveis dos recursos florestais globais. Texto completo em inglês: http://www.un.org/documents/ga/conf151/aconf 15126-3annex3.htm. [= Declaração das Florestas.]

Declaração do Rio – Denominação comum da Declaração do Rio sobre Meio Ambiente e Desenvolvimento, documento aprovado na Rio-92 que contém 27 princípios de orientação para uma ação internacional baseada na responsabilidade ambiental e econômica. Coloca os seres humanos como centro das preocupações com o desenvolvimento sustentável e define os direitos e as obrigações dos Estados em relação aos princípios básicos do meio ambiente e do desenvolvimento. Texto completo: http://www.onu.org.br/rio20/img/2012/01/rio92. pdf.

Defensivo agrícola – Ver *agrotóxico*.

Desenvolvimento sustentável – Novo modelo de desenvolvimento, em processo de construção, que surge no final do século XX como resposta ao esgotamento de um modelo que o relatório brasileiro para a Rio-92 descreve como "ecologicamente predatório, socialmente perverso e politicamente injusto". Requer um horizonte de planejamento que vai além das necessidades e aspirações das populações atuais e exige, de imediato, a integração das questões ambientais, sociais e econômicas. A adoção de um ponto de vista multigeracional no cuidado com o capital natural e a imposição de limites ao crescimento foram ideias amadurecidas no decorrer do século passado, culminando, em 1987, na definição clássica de desenvolvimento sustentável enunciada no Relatório Brundtland, no qual este é apresentado como o "desenvolvimento que atende às necessidades do presente, sem comprometer a capacidade de as futuras gerações atenderem às suas próprias necessidades". Se inicialmente o desenvolvimento sustentável pretendia ser abrangente ao englobar não apenas aspectos econômicos, mas também sociais e ambientais, hoje esta perspectiva é bastante mais ampla, e a noção de sustentabilidade adotada pela Agenda 21 Brasileira incorpora as dimensões ecológica, ambiental, social, política, econômica, demográfica, cultural, institucional e espacial. Trata-se de um conceito cuja definição suscita muitos conflitos e mal-entendidos, refletindo as diferentes visões de mundo dos diversos atores envolvidos no debate. Muitas vezes é enfocado numa visão reformista, de reafirmação do modelo atual, apenas com melhor gerenciamento de seus custos sociais e ambientais e sem incorporar a participação pública. Apesar de dar margem a múltiplas interpretações, o conceito de desenvolvimento sustentável tem se mantido em cena, e as disputas teóricas que provoca contribuem para ampliar e aprofundar a compreensão da questão ambiental.

Desertificação – Processo de degradação da terra que pode ocorrer em decorrência de variações do clima ou como resultado de atividades humanas, nesse caso envolvendo componentes como a degradação dos organismos vivos (em função da caça e extração de madeira), a degradação física ou química do solo, a degradação dos recursos hídricos em função da perda de cobertura vegetal, a degradação das águas subterrâneas e a degradação da infraestrutura econômica e da qualidade de vida dos assentamentos humanos.

Ecologia – "Ciência que estuda a dinâmica dos ecossistemas, ou seja, os processos e as interações de todos os seres vivos entre si e destes com os aspectos morfológicos, químicos e físicos do ambiente, incluindo os humanos que interferem e interagem com os sistemas naturais do planeta. É o estudo do funcionamento do sistema natural como um todo, e das relações de todos os organismos vivendo no seu interior. • *ecologia animal* – Ramo da Ecologia que enfatiza as relações entre os animais e o ambiente. • *ecologia cultural* – Estudo dos processos pelos quais uma sociedade se adapta ao seu ambiente. Seu problema principal é determinar se essas adaptações iniciam transformações sociais internas de mudança evolutiva. Seu método requer exame da interação de sociedades e instituições sociais entre si e com o ambiente natural. • *ecologia de sistemas* – Estudo das estruturas ecológicas como um conjunto de componentes interrelacionados pelos fluxos de energia e matéria entre eles, ou ainda por interações populacionais; termo frequentemente aplicado aos ecossistemas. • *ecologia da restauração* – Estudo da recomposição de comunidades e ecossistemas e, por extensão, da recomposição das feições paisagísticas sob diretrizes ecológicas. • *ecologia energética* – Estudo das transformações da energia dentro de uma comunidade ou ecossistema. • *ecologia evolutiva* – Ciência integrada da Evolução, Genética, adaptação e Ecologia; interpretação da estrutura e do funcionamento dos organismos, comunidades e ecossistemas no contexto da Teoria da Evolução. • *ecologia humana* – Ramo da Ecologia que considera as relações de indivíduos e de comunidades humanas com seu ambiente particular no nível fisiográfico, ecológico e social. • *ecologia profunda* – Linha ideológica de estudo da Ecologia, que preconiza uma redução da população humana para que o planeta seja sustentável para todas as espécies naturais; busca a autorrealização e a bioigualdade (todos os seres vivos têm igual direito à vida e valor de existência); considera a defesa somente da fauna e flora que interessa aos humanos como ecologia rasa. É uma ideologia de minoria no fim do século XX, mas que contém questões importantes para o conceito de sustentabilidade. • *ecologia vegetal* – Ramo da Ecologia que enfatiza as relações entre os vegetais e o ambiente, ou entre as diferentes espécies de uma comunidade de plantas sem referência ao ambiente."[111]

Ecorregião – Unidade biogeográfica que contém um conjunto de comunidades geograficamente distintas, mas que compartilham a maioria das espécies, dinâmicas e processos ecológicos, onde as interações ecológicas são críticas para sua sobrevivência a longo prazo.

Ecossistema – Sistema aberto que inclui todos os organismos vivos presentes em uma determinada área e os fatores físicos, químicos e biológicos com os quais eles interagem. É a unidade fundamental da Ecologia.

Educação ambiental – Processo em que se busca despertar a preocupação individual e coletiva para a questão ambiental, garantindo o acesso à informação em linguagem adequada, contribuindo para o desenvolvimento de uma consciência crítica e estimulando o enfrentamento das questões ambientais e sociais. Desenvolve-se num contexto de

---

[111] *Dicionário brasileiro de ciências ambientais*. Rio de Janeiro: Thex Editora, 2002.

complexidade e procura trabalhar não apenas a mudança cultural, mas também a transformação social, assumindo a crise ambiental como uma questão ética e política. Para conhecer o Tratado de Educação Ambiental para Sociedades Sustentáveis e Responsabilidade Global, documento de referência da educação ambiental no Brasil assinado no Fórum Global da Rio-92: http://tratado deeducacaoambiental.net e http://tratadodeea.blogspot.com

Efeito estufa – Aumento da temperatura nas camadas mais baixas da atmosfera como resultado do acúmulo de gases como vapor d'água, dióxido de carbono (CO_2), metano (CH_4), óxido de nitrogênio (N_2O), clorofluorcarbonos (CFCs) e ozônio (O_3). Estes gases, conhecidos como gases de efeito estufa ou gases estufa, funcionam como o vidro que cobre uma estufa: permitem a entrada dos raios solares e impedem a saída de calor. Este processo mantém a temperatura na superfície da Terra equilibrada e favorece a existência da vida como nós a conhecemos – sem o efeito estufa, a temperatura média do planeta seria de -18ºC. O aumento de emissões de gases de efeito estufa para a atmosfera em decorrência de atividades humanas, entretanto, pode ampliar de modo nocivo o efeito estufa, retendo mais energia na atmosfera e gerando uma elevação na temperatura (aquecimento global) capaz de causar o derretimento das calotas polares, o aumento do nível dos oceanos e a submersão de áreas costeiras. Ver também *Convenção do Clima* e *Protocolo de Quioto*.

EIA – Ver *Estudo de Impacto Ambiental*.

Energia de biomassa – Energia obtida a partir de fontes variadas de matéria orgânica não fóssil, que inclui as plantas (aquáticas e terrestres), os resíduos florestais e da agropecuária (bagaço da cana-de-açúcar, esterco), os óleos vegetais (biodiesel de buriti, babaçu, mamona, dendê etc.), os resíduos urbanos (aterros de lixo, lodo de esgotos) e alguns resíduos industriais (da indústria madeireira, de alimentos e bebidas, de papel e celulose, beneficiamento de grãos). O Programa Nacional do Álcool (Proálcool), que produz álcool a partir da cana-de-açúcar, é o maior programa comercial de utilização de biomassa para produção de energia no mundo. Ao contrário dos combustíveis fósseis, a biomassa é renovável no sentido de que um pequeno intervalo de tempo é necessário para que se recomponha para uso como fonte energética. Para o conceito ecológico de biomassa, ver *biomassa*.

Energia eólica – Energia cinética do ar em movimento, isto é, energia obtida a partir dos ventos. Embora utilizada há muito pelo homem (navegações, moinhos), sua aplicação para geração de eletricidade em escala comercial data de pouco mais de 30 anos. Limpa e renovável, possui restrições em função da variação na disponibilidade do vento (ao longo do ano, sazonal, diária e horária). No Brasil há registro de velocidades de vento propícias ao aproveitamento da energia eólica em larga escala em grande parte do litoral, além de regiões montanhosas no interior do país. Informações mais detalhadas no *Atlas do Potencial Eólico Brasileiro*: http://www.cresesb.cepel.br/atlas_eolico_brasil/atlas.htm

Energia fóssil – Energia obtida a partir de combustíveis fósseis. Ver também *combustível fóssil*.

Energia fotovoltaica – Ver *energia solar*.

Energia limpa – Diz-se da energia cuja utilização não gera resíduos e/ou emissões que causem impactos ao ambiente.

Energia nuclear – Energia existente no núcleo do átomo, que mantém juntos prótons e nêutrons, e que pode ser liberada por meio de uma reação de fissão ou fusão nuclear. No processo de fusão nuclear, os núcleos de dois elementos leves (por exemplo, o hidrogênio) são combinados para formar núcleos mais pesados (como o hélio), havendo uma significativa liberação de energia. No processo de fissão, o núcleo dos átomos de um elemento pesado (urânio, por exemplo) é bombardeado por nêutrons, fragmentando- se e liberando grande quantidade de energia e novos nêutrons, numa reação em cadeia – é esta reação que ocorre no interior de um reator nuclear. Embora livre do impacto de emissões atmosféricas prejudiciais ao ambiente, a geração de energia elétrica a partir da fissão nuclear produz resíduos sólidos perigosos.

Energia renovável – Diz-se da energia obtida a partir de fontes renováveis, ou seja, que podem se recompor num ritmo capaz de suportar sua utilização sem restrições ou risco de esgotamento.

Energia solar – Energia eletromagnética proveniente do Sol. Não causa impactos ao ambiente e pode ser considerada praticamente inesgotável, dentro de uma escala de tempo humana, mas sua disponibilidade varia de acordo com a estação do ano e as condições climáticas locais. O aproveitamento da luz do Sol sob a forma de calor é uma prática antiga, por exemplo para secagem de alimentos. A energia luminosa pode ser captada através de coletores solares térmicos, que a transformam em calor para aquecimento de água, ou convertida diretamente em energia elétrica através de células fotovoltaicas, feitas de silício, um material semicondutor. Para obter maiores potências, as células podem ser ligadas entre si formando módulos e painéis fotovoltaicos.

Erosão – Processo natural de decomposição e transporte de sedimentos que altera as formas do relevo. Causada por agentes como vento, chuvas e águas correntes, pode ser acelerada por intervenções humanas, como, por exemplo, o desmatamento. Para o geógrafo e o geólogo, a erosão implica um conjunto de ações que modelam a paisagem como um todo, enquanto o pedólogo e o agrônomo levam em conta somente a destruição dos solos.

Estudo de Impacto Ambiental – Estudo exigido pela Resolução no 001, de 23 de janeiro de 1986, do Conselho Nacional do Meio Ambiente (Conama) para o licenciamento de atividades modificadoras do meio ambiente, de modo a efetivar a avaliação de impactos ambientais como um dos instrumentos da Política Nacional do Meio Ambiente, prevista no artigo 9o, inciso III, da Lei Federal 6.938/81. Conhecido pela sigla EIA, o estudo deve ter como referência os critérios estabelecidos na Instrução Técnica emitida pelo órgão licenciador, devendo ser submetido, juntamente com seu respectivo Relatório de Impacto Ambiental (RIMA), à aprovação do órgão estadual competente, e do Ibama, em caráter supletivo. A elaboração do EIA requer uma equipe multidisciplinar e contempla o desenvolvimento das seguintes atividades: caracterização do projeto, delimitação e diagnóstico de sua área de influência, análise dos impactos ambientais do projeto e de suas alternativas, definição das medidas mitigadoras dos impactos negativos e elaboração do programa de acompanhamento e monitoramento. O RIMA deve conter os pontos principais do EIA, apresentados de forma objetiva e em linguagem acessível, de modo a garantir o entendimento das vantagens e desvantagens do projeto em análise, assim como as consequências ambientais de sua implementação. Texto completo da Resolução Conama no 001/86: http://www.mma.gov.br/port/cona ma/res/res86/res0186.html

Fotovoltaica, Placa – Ver em *energia solar*.

Gases de efeito estufa – Ver em *efeito estufa*.

Gases estufa – Ver em e*feito estufa*.

Hipótese de Gaia – Hipótese formulada em 1979 por James Lovelock e Lynn Margulis, que considera a Terra um único e complexo organismo, capaz de se autorregular e se auto-organizar. De acordo com a hipótese (cujo nome é uma referência a Gaia, deusa grega da Terra), os organismos vivos têm importante papel na manutenção do equilíbrio climático da Terra: os elementos bióticos atuam na moderação do clima, gerando condições químicas e físicas favoráveis para todas as formas de vida do planeta.

Implementação Conjunta – Mecanismo estabelecido pelo Protocolo de Quioto que permite a execução conjunta de medidas para promover reduções de emissões dos gases de efeito estufa entre os países industrializados reunidos no chamado Anexo I. Um país industrializado pode compensar suas emissões financiando projetos de redução de emissões em outros países industrializados. Ver também *Bolha de emissões, Comércio de emissões e Mecanismo de desenvolvimento limpo*.

Indicadores de desenvolvimento sustentável – Ferramentas capazes de avaliar progressos na direção do desenvolvimento sustentável, indicadores que permitam mensurar a sustentabilidade do desenvolvimento. Uma vez que se propõem a mensurar e avaliar progressos em direção a um modelo de desenvolvimento que abandone a tradicional perspectiva excludente que costuma eliminar os fatores ambientais e os sociais, devem contemplar todo um conjunto de dimensões da sustentabilidade, sendo ainda dotados da capacidade de refletir fenômenos e interações complexas. Ver também *desenvolvimento sustentável*. [= indicadores de sustentabilidade.]

IPCC – Ver *Painel Intergovernamental sobre Mudança do Clima*.

ISO 14000 – Família de normas editadas pela ISO (*International Organization for Standardization*) ligadas à estruturação de sistemas de gestão ambiental (SGA, em inglês EMS – *Environmental Management System*) e implementação de políticas e metas ambientais. Trata-se de um conjunto de normas que refletem um consenso global sobre práticas ambientais adequadas que podem ser aplicadas à situação particular de organizações por todo o mundo. A série ISO 14000 inclui padrões aplicáveis no nível organizacional (por exemplo, implantação do SGA – ISO 14001, 14004; condução de auditoria ambiental – ISO 14010, 14011, 14012, hoje substituídas pela ISO 19011; e avaliação de desempenho ambiental – ISO 14031) e padrões relativos a produtos e serviços (por exemplo, rotulagem – ISO 14020, 14021, 14024 – e análise de ciclo de vida – ISO 14040). Informações detalhadas: http://www.iso.org

Lei de Crimes Ambientais – Denominação comum da Lei Federal no 9.605, de 12 de fevereiro de 1998, regulamentada pelo Decreto n o 3.179, de 21 de setembro de 1999, que dispõe sobre as sanções penais e administrativas derivadas de condutas e atividades lesivas ao meio ambiente. A lei de crimes ambientais consolidou, num único diploma legal, boa parte dos aspectos criminais da legislação ambiental. Transformou em crimes algumas infrações ambientais antes consideradas contravenções penais e instituiu a criminalização da pessoa jurídica. Texto integral: http://www. planalto. gov.br/ccivil_03/leis/L9605.htm

Lençol freático – Tipo de aquífero em que a água subterrânea na superfície do lençol encontra-se sob pressão atmosférica, como se estivesse em um reservatório ao ar livre. Ver também *aquífero*.

Lixão – Forma inadequada de disposição final de resíduos sólidos, em que o lixo é depositado diretamente no solo, sem qualquer técnica ou medida de controle, com sérios impactos ao ambiente e à saúde humana. Dentre os impactos causados estão a proliferação de vetores de doenças (moscas, mosquitos, ratos etc.), a geração de odores desagradáveis e a contaminação do solo e das águas pelo chorume. Os riscos de contaminação são agravados pelo desconhecimento da origem do material descartado, podendo haver resíduos perigosos. Ver também *aterro controlado e aterro sanitário*. [= vazadouro.]

Lixo – Ver resíduo *sólido*.

Manancial – Ver *nascente*.

Manejo – Ação de manejar, administrar, gerir. Termo aplicado ao conjunto de ações destinadas ao gerenciamento de um ecossistema ou de um conjunto de recursos ambientais, numa perspectiva de conservação ambiental. O termo – muitas vezes adjetivado de sustentável ou integrado – tem aplicação nas mais diversas áreas (por exemplo, manejo florestal, manejo de solos, manejo de fauna, manejo de bacias hidrográficas, manejo de paisagens, manejo costeiro, manejo da biodiversidade etc.), com definições específicas para cada uma delas. Ver também *Plano de manejo de unidades de conservação*.

Mangue – Ver *manguezal*.

Manguezal – Ecossistema costeiro, de transição entre ambiente terrestre e ambiente marinho, sujeito à influência da maré. Ocorre em áreas protegidas da ação direta das ondas – como baías, estuários e lagunas – e oferece abrigo, alimento e local para reprodução para grande diversidade de espécies de fauna. Rico em nutrientes, o manguezal contribui para a produtividade pesqueira e oferece serviços como a proteção da costa contra a erosão e a retenção de sedimentos e estabilização das margens. A vegetação característica dos manguezais – conhecida por mangue

– apresenta uma série de adaptações para sobreviver ao ambiente de salinidade variável e substrato instável e com baixo teor de oxigênio. No Brasil, destaca-se a ocorrência do mangue--branco (*Laguncularia racemosa*), mangue-vermelho (*Rhizophora mangle*) e mangue-siriúba (*Avicennia schaueriana*).

Mata ciliar – Faixa de mata adjacente a um corpo d'água, considerada como área de preservação permanente pelo Código Florestal Federal (Lei no 4.771/65). Sua presença protege as margens contra a erosão, evitando o assoreamento dos corpos hídricos. [= mata galeria.]

Mecanismo de Desenvolvimento Limpo (MDL) – Mecanismo estabelecido pelo Protocolo de Quioto que permite que a redução de emissões de gases de efeito estufa resultante de projetos que promovam a sustentabilidade do desenvolvimento em países não incluídos no Anexo I (países em desenvolvimento) seja utilizada por países industrializados do Anexo I para atingir parte dos seus compromissos de redução. Ver também *Bolha de emissões, Comércio de emissões e Implementação conjunta*.

Microclima – Clima próximo ao solo, que se estende até uma altura em que os efeitos da superfície se confundem com o clima local (mesoclima) ou geral (macroclima). As condições climáticas do interior de uma floresta ou de uma rua são exemplos de microclimas.

Minamata, Desastre da Baía de – Acidente químico, de caráter crônico, ocorrido na Baía de Minamata, Japão, onde uma indústria química – Chisso Corporation – instalada em 1932 para produção de plásticos, utilizando mercúrio como catalisador, despejou seus resíduos nas águas da baía durante décadas (até 1968). Com o tempo, o mercúrio se transformou em um composto orgânico que entrou na cadeia alimentar, contaminando plâncton, crustáceos, peixes e gatos, até chegar à população humana. Em 1953 foi identificado o primeiro caso de lesão no sistema nervoso de moradores locais: a intoxicação por mercúrio desencadeou uma síndrome que ficou conhecida como Mal de Minamata ou Doença de Minamata, uma grave desordem neurológica degenerativa que pode ser transmitida geneticamente, acarretando o nascimento de crianças com deformações. Centenas de mortes foram registradas e até 1997 o governo japonês havia reconhecido mais de 12.500 pessoas como "vítimas de Minamata".

Monocultura – Cultivo de uma única espécie vegetal em uma grande extensão de área, em geral alvo de problemas como o esgotamento de nitrogênio no solo e o desenvolvimento de pragas e doenças que normalmente seriam controladas caso houvesse rodízio de culturas.

Mudança do clima – Mudança climática que supera, para um determinado intervalo de tempo, a variabilidade natural do clima, e cuja origem possa estar relacionada, direta ou indiretamente, a alterações na composição da atmosfera mundial decorrentes da atividade humana. Dentre elas está o aquecimento global. Para acompanhar a posição do Brasil diante das mudanças climáticas: http://www.mct.gov.br/ index.php/content/view/3996.html#tt. [= mudança climática.]

Mudanças climáticas – Ver *mudança do clima*.

Nascente – Área por onde se distribuem os olhos-d'água que dão origem a um rio ou outro curso fluvial. [= manancial.]

Nosso Futuro Comum – Relatório da Comissão Mundial sobre Meio Ambiente e Desenvolvimento, divulgado em 1987 sob o título original *Our Common Future*, que tinha como um de seus objetivos definir uma agenda para ação e apontava o desenvolvimento sustentável como saída para a grave crise ambiental diagnosticada. Consagrou, na ocasião, a definição de desenvolvimento sustentável como aquele "que atende às necessidades do presente, sem comprometer a capacidade de as gerações futuras atenderem também às suas". Destacou os três componentes fundamentais deste novo modelo de desenvolvimento: proteção ambiental, crescimento econômico e equidade social, reconhecendo a necessidade de mudanças tecnológicas e sociais para que se pudesse alcançar equidade e crescimento sustentável. Avaliou temas como economia internacional, população, segurança alimentar, espécies e ecossistemas, energia, indústria e crescimento urbano, numa abordagem que indicava a cooperação como estratégia para resolução dos desafios revelados. Ver também *Comissão Brundtland*. [= Relatório Brundtland.]

Orgânico, Produto – Ver em *agricultura orgânica*.

Organismo geneticamente modificado (OGM) – Ver *transgênico*.

Pacto do Ar Limpo – Denominação comum da Lei do Ar Limpo (*Clean Air Act*), lei federal norte-americana que regula as emissões atmosféricas e autoriza a Agência de Proteção Ambiental (EPA – *Environmental Protection Agency*) a estabelecer padrões nacionais de qualidade do ar, para proteção da saúde pública e do ambiente. Sua versão original foi aprovada em 1963, mas o programa de controle implantado se baseia na versão de 1970 da lei (ano em que foi criada a EPA), que veio ainda a receber emendas em 1977 e 1990. A versão de 1990 representou um avanço ao definir metas mais contundentes de redução da poluição, passando também a contemplar questões relevantes como chuva ácida, concentrações de ozônio na superfície terrestre, emissões danosas à camada de ozônio e emissões de poluentes perigosos, por exemplo. O termo Pacto do Ar Limpo também é utilizado para designar a Lei Estadual no 2.389, de 4 de abril de 1995, do Rio de Janeiro, que proíbe a comercialização de combustíveis derivados de petróleo com a adição de chumbo.

Painel Intergovernamental sobre Mudança do Clima – Núcleo estabelecido em 1988 pela Organização Meteorológica Mundial (OMM) e pelo Programa das Nações Unidas para o Meio Ambiente (Pnuma) para avaliar de modo abrangente, objetivo e transparente a informação científica, técnica e socioeconômica relevante para a compreensão da mudança do clima induzida por atividades humanas, seus impactos potenciais e opções de adaptação e mitigação. Conhecido sob a sigla IPCC, do original *Intergovernmental Panel on Climate Change*. Informações sobre as atividades do IPCC, em inglês: http://www.ipcc.ch/

Passivo ambiental – Conjunto de obrigações, contraídas de forma voluntária ou involuntária, que exigem a adoção de ações de controle, preservação e recuperação ambiental. Ver também *ativo ambiental*.

Plano de Manejo de Unidades de Conservação – Instrumento de planejamento que estabelece, de acordo com os objetivos de cada categoria de Unidade de Conservação (UC), o zoneamento e as normas que devem reger seu uso e as diretrizes para o manejo de seus recursos naturais. Ver também *Unidade de Conservação e Sistema Nacional de Unidades de Conservação*.

Poluidor-pagador – Princípio que reconhece que o poluidor deve pagar por qualquer dano ambiental ocorrido, cabendo ainda ao responsável arcar com a compensação de tal dano. O princípio do poluidor- pagador (PPP) tira do Estado o ônus pela recuperação das áreas contaminadas pela poluição, por exemplo, transferindo-o para o autor dessa poluição. O princípio do usuário-pagador (PUP), por sua vez, estabelece que os recursos naturais devem estar sujeitos à aplicação de instrumentos econômicos para que seu uso e aproveitamento se processem em benefício da coletividade; portanto, a apropriação desses recursos por um ente privado ou público deve garantir à coletividade o direito a uma compensação financeira. Esses princípios têm por objetivo fazer com que os custos não sejam suportados nem pelo Poder Público nem por terceiros, mas sim pelos utilizadores. Estas cobranças estão previstas na Lei Federal no 6.938, de 31 de agosto de 1981, segundo a qual a Política Nacional do Meio Ambiente visa "à imposição, ao poluidor e ao predador, da obrigação de recuperar e/ou indenizar os danos causados e, ao usuário, da contribuição pela utilização de recursos ambientais com fins econômicos".

Preservação – Estratégia de proteção dos recursos naturais que prega a manutenção das condições de um determinado ecossistema, espécies ou área, sem qualquer ação ou interferência que altere o *status quo*. Prevê que os recursos sejam mantidos intocados, não permitindo ações de manejo. Ver também *conservação*.

Protocolo de Montreal – Denominação comum do Protocolo de Montreal sobre Substâncias que Destroem a Camada de Ozônio, acordo multilateral global lançado em 1987 em Montreal, Canadá, que entrou em vigor no ano de 1989. Compromete os países signatários a adotar medidas de controle – e mais tarde de eliminação – das emissões de substâncias que reduzam a camada de ozônio. Promove a cooperação internacional de modo a facilitar o acesso dos países em desenvolvimento a substâncias e tecnologias alternativas, ambientalmente seguras. Informações sobre o Plano Nacional de Eliminação de CFCs: http://www.protocolodemontreal.org.br. Sobre a ratificação do Protocolo de Montreal: http://ozone.unep.org/Ratification_status/. Texto complete em inglês: http://ozone.unep.org/Ratification_status/montreal_protocol.shtml. Ver também *camada de ozônio e Convenção de Viena*.

Protocolo de Quioto – Denominação comum do Protocolo de Quioto à Convenção-Quadro das Nações Unidas sobre Mudança do Clima, que se decidiu adotar na 3ª Conferência das Partes, realizada em 1997 em Quioto, Japão. Acordo segundo o qual os países industrializados devem reduzir suas emissões de gases de efeito estufa em pelo menos 5%, até o período entre 2008 e 2012, tendo como referência os níveis de 1990. Até 2005 as Partes incluídas devem apresentar um progresso comprovado para alcançar os compromissos assumidos sob o Protocolo. Texto completo do Protocolo de Quioto: http://www.mct.gov.br/index.php/content/view/28739.html. Para acompanhamento do processo de ratificação, visitar: http://www.mct.gov.br/index.php/content/view/4457.html e http://www.mma.gov.br/clima/protocolo-de-quioto para a situação do Brasil. Ver também *Conferência das Partes; Convenção do Clima; Bolha de emissões; Comércio de emissões; Implementação conjunta e Mecanismo de desenvolvimento limpo*.

Reciclagem – Processo pelo qual um material usado retorna, como matéria-prima, ao ciclo de produção, para ser novamente transformado em um bem de consumo. Popularmente, o termo reciclagem é utilizado para designar todo o conjunto de ações ligadas ao reaproveitamento de materiais usados que viriam a ser descartados. Ver também *três erres*.

Relatório Brundtland – Ver *Nosso Futuro Comum*.

Relatório de Impacto Ambiental – Ver em *Estudo de Impacto Ambiental*.

Resíduo sólido – Qualquer material resultante de atividades humanas descartado ou rejeitado por ser considerado inútil ou sem valor. Pode estar em estado sólido ou semissólido e ser classificado de acordo com sua composição química (orgânico e inorgânico), sua fonte geradora (residencial, comercial, industrial, agrícola, de serviços de saúde etc.) e seus riscos potenciais ao ambiente (perigosos, inertes e não inertes).

Resiliência – Capacidade de um sistema de absorver as tensões criadas por perturbações externas sem que sua estrutura e função sejam alteradas. Um ecossistema resiliente é capaz de retornar às suas condições originais de equilíbrio dinâmico após sofrer estresses como incêndios e descarga de poluentes, por exemplo. Conceito da Física (capacidade de um corpo de, após ser submetido a uma tensão até seu limite de elasticidade, recuperar sua forma e tamanho originais quando cessada a pressão) há muito utilizado na Ecologia, hoje amplamente adotado na Psicologia e na análise de sistemas econômicos e sociais.

RIMA – Ver em *Estudo de Impacto Ambiental*.

Rio+10 – Denominação comum da Cúpula Mundial sobre Desenvolvimento Sustentável realizada na cidade de Joanesburgo, África do Sul, de 26 de agosto a 4 de setembro de 2002. Organizada pelas Nações Unidas dez anos após a Rio-92, teve como principal objetivo reforçar compromissos políticos com o desenvolvimento sustentável, propondo-se a representar um passo à frente na passagem de conceitos para a ação. Reuniu 104 chefes de Estado, ONGs, setor empresarial e outros segmentos em torno de uma questão central: até que ponto o mundo é capaz de mudar o curso e atingir um futuro sustentável. Resultou na *Declaração de Joanesburgo para o Desenvolvimento Sustentável*, em que os chefes de Estado se comprometem a implementar as ações necessárias para tornar o desenvolvimento sustentável uma realidade, e no *Plano de Implementação*, documento de dez capítulos contendo metas e cronogramas para provocar ações relativas a um amplo conjunto de temas, entre eles o acesso a água tratada, saneamento, recuperação de estoques pesqueiros, gerenciamento de resíduos tóxicos e uso de fontes alternativas de energia. Entretanto, enquanto as Nações Unidas consideram que, diante de um quadro de crescimento da pobreza e da degradação ambiental, a Rio+10 tenha obtido sucesso ao criar um sentido de urgência, compromissos para ação e parcerias para atingir resultados palpáveis, manifesta-se por outro lado um grande desapontamento em relação aos resultados da reunião, considerada por muitos um fracasso, em virtude da falência da maior parte dos pontos de negociação propostos. Informações sobre o evento: http://www.un.org/events/wssd. [= Conferência de Joanesburgo; Cúpula de Joanesburgo; Cúpula do Milênio.]

Rio+5 – Sessão especial da Assembleia Geral das Nações Unidas realizada em Nova Iorque de 23 a 27 de junho de 1997, cinco anos após a Rio-92, com a presença de 53 chefes de Estado, para avaliar os progressos dos países, organizações internacionais e setores da sociedade civil em relação aos desafios da Conferência do Rio. Os principais objetivos da Rio+5 eram a revitalização e o estímulo aos compromissos com o desenvolvimento sustentável, o reconhecimento de falhas e a identificação das razões dos fracassos, o reconhecimento dos avanços e a identificação das ações que poderiam impulsioná-los, a definição de prioridades para os anos seguintes e a atenção para os temas insuficientemente trabalhados. O documento final adotado pelos delegados de mais de 165 países, embora tenha representado um pequeno passo adiante em relação a temas como mudança do clima, perda de florestas e escassez de água doce, gerou desapontamento por conter poucos compromissos de ação concretos. Informações sobre a reunião: http://www.un.org/esa/earthsummit

Rio-92 – Denominação comum da Conferência das Nações Unidas sobre Meio Ambiente e Desenvolvimento (CNUMAD). Realizada de 3 a 14 de junho de 1992 na cidade do Rio de Janeiro (RJ), 20 anos após a Conferência de Estocolmo (primeira conferência ambiental global), foi a maior reunião já realizada mundialmente para discutir a questão ambiental. Fez história ao chamar a atenção de todo o mundo para uma questão nova na época: a compreensão de que os problemas ambientais do planeta estão intimamente ligados às condições econômicas e à justiça social. Reconheceu a necessidade de integração e equilíbrio entre as questões ambientais, sociais e econômicas para sobrevivência da vida humana no planeta e proclamou o conceito de desenvolvimento sustentável como meta a ser alcançada nos níveis local, nacional e global. A Rio-92 reuniu mais de 100 chefes de Estado e representantes de mais de 170 países, que adotaram três grandes acordos: a Agenda 21, a Declaração do Rio e a Declaração de Princípios das Florestas. Foram também lançadas, para receber assinaturas, a Convenção sobre Mudança do Clima e a Convenção sobre Diversidade Biológica. Ver também *Agenda 21, Convenção da Biodiversidade, Convenção do Clima.* [= Conferência do Rio; Cúpula da Terra; Eco-92; UNCED – *United Nations Conference on Environment and Development.*]

Selo verde – Selo concedido a um produto cuja origem, processo e destinação final são ambientalmente saudáveis. A expressão selo verde é utilizada, genericamente, em referência a diversos tipos de rotulagem ambiental.

Sensoriamento remoto – Conjunto de técnicas para aquisição, a distância, de dados sobre a superfície da Terra. Utiliza sensores para captar informações sobre um objeto ou alvo da superfície terrestre, com base na radiação eletromagnética gerada por fontes naturais (Sol e Terra) ou por fontes artificiais (radar). Proporciona uma expansão da percepção sensorial do ser humano, ao fornecer uma visão panorâmica (em função da aquisição aérea ou espacial da informação) e ao obter informações em regiões do espectro eletromagnético inacessíveis à visão humana.

Sistema Nacional de Unidades de Conservação – Conhecido por sua sigla SNUC, o Sistema Nacional de Unidades de Conservação da Natureza foi instituído pela Lei Federal no 9.985, de 18 de julho de 2000 – que estabelece critérios e normas para a criação, implantação e gestão das Unidades de Conservação – e regulamentado pelo Decreto no 4.340, de 22 de agosto de 2002. Define, uniformiza e consolida critérios para implantação e gestão dessas Unidades, prevendo também mecanismos para integração das comunidades locais e regionais no seu processo de criação. O SNUC classifica as Unidades de Conservação em duas categorias: Unidades de Proteção Integral, cujo objetivo é a preservação da natureza, admitindo-se apenas o uso indireto dos seus recursos naturais, e Unidades de Uso Sustentável, que visam à conservação da natureza, admitindo o uso sustentável de uma parcela dos seus recursos naturais. Na primeira categoria estão incluídas as estações ecológicas, reservas biológicas, parques nacionais, monumentos naturais e refúgios de vida silvestre; na segunda, as áreas de proteção ambiental, áreas de relevante interesse ecológico, florestas nacionais, reservas extrativistas, reservas de fauna, reservas de desenvolvimento sustentável e reservas particulares do patrimônio natural. Para mais informações sobre o SNUC, ver texto completo da Lei no 9.985/00 - http://www.un- documents.net/

wced-ocf.htm; e regulamentação: http://www.planalto.gov.br/ccivil_03/Decreto/ 2002/D4340.htm

SNUC – Ver *Sistema Nacional de Unidades de Conservação*.

Sumidouro de carbono – Qualquer processo, atividade ou mecanismo que absorva quantidades significativas de carbono da atmosfera. As florestas, em função da capacidade da vegetação de captar o carbono atmosférico, são consideradas sumidouros de carbono.

Sustentabilidade – "Qualidade de um sistema que é sustentável; que tem a capacidade de se manter em seu estado atual durante um tempo indefinido, principalmente devido à baixa variação em seus níveis de matéria e energia; dessa forma não esgotando os recursos de que necessita".[112]

Teia alimentar – Ver em *cadeia alimentar*.

Termo de Ajustamento de Conduta (TAC) – Instrumento legal, previsto na Lei de Ação Civil Pública (Lei Federal no 7.347/85, que rege as ações de responsabilidade por danos morais e patrimoniais causados, entre outros, ao meio ambiente), que se constitui num termo de compromisso celebrado entre um empreendedor (pessoa física ou jurídica responsável pela construção, instalação ou ampliação e funcionamento de estabelecimentos e atividades utilizadoras de recursos ambientais consideradas efetiva ou potencialmente poluidoras ou degradadoras do meio ambiente) e os integrantes do Sisnama – Sistema Nacional de Meio Ambiente (órgãos e entidades da União, dos estados, do Distrito Federal, dos municípios e fundações instituídas pelo Poder Público, responsáveis pela execução de programas, projetos e controle e fiscalização dessas atividades).

Transgenia – Inserção de um ou mais genes obtidos de indivíduos diferentes no material genético de um organismo receptor, por meio de técnicas de Engenharia Genética. Ver também transgênico.

Transgênico – Organismo cujo material genético foi alterado artificialmente. O objetivo inicial da modificação genética era aumentar a resistência da planta a doenças e pragas; hoje se advoga que os organismos geneticamente modificados possuem maior durabilidade e maior valor nutricional. O cultivo e o consumo de alimentos transgênicos ainda suscitam grandes debates em virtude dos riscos à saúde humana e ao ambiente, tais como introdução dos genes modificados em populações silvestres, perda de biodiversidade e necessidade do aumento de uso de

---

[112] *Dicionário brasileiro de ciências ambientais*, op. cit., p. 223.

agrotóxicos. Ver também *transgenia*. [= OGM – organismo geneticamente modificado.]

Três erres (3 Rs) – Princípio ligado ao gerenciamento de resíduos sólidos que se baseia numa hierarquia de procedimentos: Reduzir (o uso de matérias-primas e energia, a quantidade de material a ser descartado); Reutilizar (os produtos usados, dando a eles outras funções), e Reciclar (retornar o que foi utilizado ao ciclo de produção). O princípio dos 3 Rs está orientado para uma mudança dos padrões não sustentáveis de produção e consumo, não devendo, portanto, a reciclagem ser uma ação desvinculada dos dois primeiros Rs, o que poderia servir para legitimar o desperdício. O princípio dos 3 Rs ganhou visibilidade após a Rio-92, estando previstas no 21o capítulo da Agenda 21 a redução ao mínimo dos resíduos e a maximização ambientalmente saudável do reaproveitamento e da reciclagem dos resíduos.

Tripé da sustentabilidade – Conceito criado nos anos 1990 pelo cientista social norte-americano John Elkington, no original triple bottom line, que reúne os aspectos econômicos, ambientais e sociais. Conhecido como os 3 Ps (*People, Planet and Profit*) ou, em português, PPL (Pessoas, Planeta e Lucro).

Unidade de Conservação – Espaço territorial que recebe garantias especiais de proteção em função de seus atributos ambientais, de modo que se façam cumprir objetivos de preservação ou conservação e uso sustentável dos recursos naturais. As Unidades de Conservação (UCs) são áreas protegidas legalmente instituídas pelo poder público federal, estadual ou municipal. Ver também *Plano de Manejo de Unidades de Conservação* e *Sistema Nacional de Unidades de Conservação*.

Usina de reciclagem – Ver em *usina de triagem*.

Usina de triagem – Unidade em que é realizada a separação manual ou mecânica dos materiais recicláveis contidos nos resíduos sólidos urbanos. Conta, em geral, com mesas ou esteiras para catação dos recicláveis e baias para seu armazenamento. É comum a utilização do termo usina de reciclagem para nomear tais unidades, embora não ocorram no local processos de reciclagem, mas sim a triagem dos materiais para posterior encaminhamento à reciclagem. A usina de triagem pode estar associada a uma usina de compostagem, na qual ocorre o processamento da fração orgânica dos resíduos.

Vazadouro – Ver *lixão*.

Zoneamento Ecológico-Econômico – Instrumento de organização do território que estabelece medidas e padrões de proteção ambiental destinados a assegurar a qualidade ambiental, dos recursos hídricos e do solo, assim como a conservação da biodiversidade. O Zoneamento Ecológico-Econômico (ZEE) tem por objetivo sistematizar e integrar planos, programas, projetos e atividades que, direta ou indiretamente, utilizem recursos naturais, de modo a subsidiar as decisões de planejamento social, econômico e ambiental do desenvolvimento e do uso do território nacional em bases sustentáveis. Previsto no artigo 9o, inciso II, da Lei Federal no 6.938/81, que institui a Política Nacional do Meio Ambiente, o ZEE passou a ter força de lei por meio do Decreto no 4.297, de 10 de julho de 2002, cujo texto completo está disponível em http://www.planalto.gov.br/ ccivil_03/decreto/2002/d4297.htm

ESPIRITISMO E ECOLOGIA				
EDIÇÃO	IMPRESSÃO	ANO	TIRAGEM	FORMATO
1	1	2009	10.000	14x21
2	1	2010	10.000	14x21
3	1	2010	5.000	14x21
3	2	2013	5.000	14x21
4	1	2017	2.700	14x21
4	2	2017	3.000	14x21
4	3	2020	150	14x21
4	POD*	2021	POD	14x21
5	1	2022	1.500	15,5x23,0
5	2	2023	1.500	15,5x23,0
5	3	2023	1.500	15,5x23,0
5	4	2024	1.200	15,5x23,0

*Impressão por demanda

LITERATURA ESPÍRITA

Em qualquer parte do mundo, é comum encontrar pessoas que se interessem por assuntos como imortalidade, comunicação com Espíritos, vida após a morte e reencarnação. A crescente popularidade desses temas pode ser avaliada com o sucesso de vários filmes, seriados, novelas e peças teatrais que incluem em seus roteiros conceitos ligados à Espiritualidade e à alma.

Cada vez mais, a imprensa evidencia a literatura espírita, cujas obras impressionam até mesmo grandes veículos de comunicação devido ao seu grande número de vendas. O principal motivo pela busca dos filmes e livros do gênero é simples: o Espiritismo consegue responder, de forma clara, perguntas que pairam sobre a Humanidade desde o princípio dos tempos. Quem somos nós? De onde viemos? Para onde vamos?

A literatura espírita apresenta argumentos fundamentados na razão, que acabam atraindo leitores de todas as idades. Os textos são trabalhados com afinco, apresentam boas histórias e informações coerentes, pois se baseiam em fatos reais.

Os ensinamentos espíritas trazem a mensagem consoladora de que existe vida após a morte, e essa é uma das melhores notícias que podemos receber quando temos entes queridos que já não habitam mais a Terra. As conquistas e os aprendizados adquiridos em vida sempre farão parte do nosso futuro e prosseguirão de forma ininterrupta por toda a jornada pessoal de cada um.

Divulgar o Espiritismo por meio da literatura é a principal missão da FEB, que, há mais de cem anos, seleciona conteúdos doutrinários de qualidade para espalhar a palavra e o ideal do Cristo por todo o mundo, rumo ao caminho da felicidade e plenitude.

FEB editora
Livro espírita para um novo mundo
www.febeditora.com.br
@febeditoraoficial
@febeditora

Conselho Editorial:
Jorge Godinho Barreto Nery - Presidente
Geraldo Campetti Sobrinho - Coord. Editorial
Cirne Ferreira de Araújo
Evandro Noleto Bezerra
Maria de Lourdes Pereira de Oliveira
Marta Antunes de Oliveira de Moura
Miriam Lúcia Herrera Masotti Dusi

Produção Editorial:
Elizabete de Jesus Moreira

Revisão:
Rafael Caldeira-Maia

Projeto Gráfico, capa e diagramação:
Luciano Carneiro Holanda

Fotos:
https://www.freepik.com

Normalização Técnica:
Biblioteca de Obras Raras e Documentos Patrimoniais do Livro

Esta edição foi impressa pela Repro-Set Indústria Gráfica Ltda., Curitiba, PR, com tiragem de 1,2 mil exemplares, todos em formato fechado de 155x230 mm e com mancha de 114x182 mm. Os papéis utilizados foram o Offset 90 g/m² para o miolo e o Cartão 250 g/m² para a capa. O texto principal foi composto em Artifakt Element 10,5/16 e os títulos em Bebas Neue 40/38. Impresso no Brasil. *Presita en Brazilo.*